1일 3분 1회계

# 1일 3분 1회계

초판 1쇄 발행 | 2020년 7월 27일
초판 8쇄 발행 | 2024년 9월 27일

지은이 | 김수헌, 이재홍
펴낸이 | 이원범
기획 · 편집 | 김은숙
마케팅 | 안오영
표지 · 본문 디자인 | 강선욱

펴낸곳 | 어바웃어북 about a book
출판등록 | 2010년 12월 24일 제313-2010-377호
주소 | 서울시 강서구 마곡중앙로 161-8 C동 1002호 (마곡동, 두산더랜드파크)
전화 | (편집팀) 070-4232-6071 (영업팀) 070-4233-6070
팩스 | 02-335-6078

그림으로 쉽게 이해하는
1 일 3 분 1 회 계

일 131 분

회계

김수헌·이재홍 지음

이연
수익

외환
손익

순매출
총매출

손상
차손

충당
부채

지분법

리스
회계

어바웃북

# '1·3·1',
# 어떤 뇌에도 회계 근육이
# 붙게 하는 공식

"책을 보고 공부할 땐 알만 했는데 돌아서면 까먹습니다."

"강의를 들을 땐 이해가 됐는데 시간이 조금만 지나도 기억이 안 나요."

회계와 재무제표를 공부하는 주변 사람들에게 필자가 가장 많이 듣는 이야기입니다. 돌아서면 잊어버리는 데는 몇 가지 이유가 있습니다.

첫째, 개념과 원리를 이해하지 못하고 무조건 암기하듯 학습하는 경우입니다. 책을 보거나 강의를 들을 때는 조금 알 것 같다가도 돌아서면 잊어버립니다. 이런 유형은 다행히 암기한 내용을 잘 기억하더라도 작은 변수에도 금세 혼란스러워합니다. 한 마디로 응용력이 떨어집니다.

둘째, 꾸준히 공부하지 않는 경우입니다. 개념과 원리에 기반을 두고 열심히 공부했더라도, 오랫동안 회계 공부에서 손을 떼면 도리가 없습니다. 회계나 재무제표를 일상적으로 다루는 실무자가 아닌 한 계속 공부하기가 쉽지 않다는 걸 모르는 바는 아닙니다. 하지만 오랫동안 회계에서 멀어지면 그나마 머릿속에 넣어 두었던 것들도 점점 잊습니다.

셋째, 학습에 대한 요령 부족입니다. 기초 회계 책을 한두 권 정도 보거나 강의 몇 편 듣고서, 바로 중급 회계 수준의 책을 찾는 사람들이 있습니다. 그러고는 회계는 어려운 것이라고 금방 단정하고 포기합니다.

헬스클럽에서 5kg 아령으로 운동하던 사람이 동작에 무리가 없다고 일주일 만에 10kg짜리 아령으로 바꿀 수 없습니다. 하루에 열 시간씩 집중적으로 운동하면 그럴 수 있을까요? 근육이 손상되고, 아예 운동을 포기하게 될 겁니다. 5kg짜리 아령으로 30회 운동했다면 꾸준히 단련해 50회, 100회까지 수준을 점진적으로 끌어올려야 합니다. 그런 다음에 10kg짜리 아령으로 바꾸는 게 맞습니다.

회계 공부도 마찬가지입니다. 다양한 기초 회계 책으로 반복 학습하면서 기초를 확실히 다지는 게 좋습니다. 그러고 나서 학습 수준을 높일 필요가 있는지 판단해야겠지요. 도약할 필요가 있다면 이제는 기초 수준을 벗어나 두툼한 회계 원리 교과서에 도전해 봅니다. 이 분야가 본인 적성에 맞는다면 계속 나아가 중고급 회계 수준까지 달려가면 됩니다.

필자들은 『이것이 실전회계다』와 『하마터면 회계를 모르고 일할 뻔했다!』두 권의 회계 책을 출간했습니다. 이후 강의나 SNS 등을 통해 많은 독자와 직간접으로 소통하면서, 초보자들의 어려움을 다시 한 번 체감했습니다. 공저자인 이재홍 회계사와 머리를 맞대고 고심하는 시간을 가졌습니다.

그 결과, 초보 회계 학습자들의 두뇌에 '회계 근육'을 만들기 위해서는 그림을 최대한 많이 활용하는 것이 좋겠다는 결론에 이르렀습니다. 정보를 압축해서 잘 표현한 한 장의 그림은 백 마디 말보다 몇 장에 걸쳐 써내려간 글보다 전달력이 강합니다. 이 책은 어떤 페이지를 넘겨도 왼쪽에는 텍스트, 오른쪽에는 그림이 있습니다. 회계의 개념과 원리를 설명하는 글을 왼쪽 페이지에 두었습니다. 그리고 이 내용을 좀 더 쉽고 빠르게 이해하는 한편, 확실하게 머릿속에 새길 수 있도록 오른쪽 페이지에 그림을 배치했습니다.

이론적으로 서술하는 건 지양했습니다. 가상의 사례를 들어 보다 구체적으로 설명했습니다. 이어 다양한 실제 사례를 보여줌으로써 학습한 회계 지식이 실제 기업 회계에서 어떻게 처리되는지, 재무제표에는 어떻게 나타나는지, 그리고 그 의미는 무엇인지 등에 대해 독자가 자연스럽게 터득하도록 구성했습니다.

영어 교육자들이 공통으로 꼽는 영어 잘하는 비결은 매일 조금씩 꾸준히 공부하는 것입니다. 가능한 만큼 꾸준히 실천할 때 변화는 시작됩니다. 이 책은 하나의 주제를 한 페이지의 글과 한 페이지의 그림으로 압축해 보여드립니다. 하나의 주제를 3분 이내로 읽을 수 있도록 구성한 것이죠. 자기 전에 잠깐, 지하철 타고 이동하면서 잠깐, 컵라면에 물 부어 놓고 기다리면서 잠깐……. 낙숫물이 댓돌을 뚫는다는 말이 있지요. 이런 많은 '짬'이 모여 어느새 회계를 정복하게 될 것입니다.

이 책은 돌아서도 까먹지 않을 회계 학습법에 관한 오랜 고민의 결과입니다. 회계를 알고 싶은데 지레 어렵다 느끼고 겁먹고 있던 분, 공부한다고 했는데 회계 지식이 좀처럼 머리에 축적되지 않아 고민했던 분들이 이 책을 통해 '회계 근육'이 붙는 재미, 그리고 할 수 있다는 자신감을 얻기를 바랍니다.

늘 그래 왔듯 필자의 원고를 가다듬고 때로는 독자의 관점에서 날카로운 지적과 조언을 하는 어바웃어북의 김은숙 에디터에게 감사드립니다.

2020년 7월
김수헌, 이재홍

# C O N T E N T S

 **CHAPTER 01** 매출을 언제 어떻게 반영할 것인가?

# CHAPTER 02
## 제조(생산), 원가, 매출, 이익은 어떻게 맞물려 변화하는가?

# CHAPTER 03
## 실전 분석! 스타트업의 사업구조와 손익계산서 독해

# CHAPTER 04 자산의가치 변화가 손익에 미치는 영향

# CHAPTER 05 갈수록 중요해지는 무형자산 완전정복

## CHAPTER 06 다양한 부채와 리스회계 바로 보기

## CHAPTER 07 독(毒)도 되고 약(藥)도 되는 지분법회계

CHAPTER 08 주주의 몫 자본,
제대로 이해하기

CHAPTER 09 회사의 건강 상태를 알려주는
현금흐름표의 원리

# CHAPTER 10 연결재무제표와 재무비율 분석

CHAPTER
01

# 매출을
# 언제 어떻게
# 반영할 것인가?

# 제품과 상품 매출, 언제 장부에 기록할까?

●●● 삼성전자는 스마트폰을 직접 만듭니다. 제품을 생산해 판매하는 거지요. 롯데하이마트는 삼성전자가 만든 스마트폰 제품을 매입합니다. 이때 스마트폰은 롯데하이마트의 상품이 됩니다. 롯데하이마트는 스마트폰 매입 가격에 적절한 이윤을 붙여 소비자에게 판매합니다.

제품이나 상품을 수요자에게 판매하는 것을 '매출'이라고 합니다. 매출한 금액(판매한 금액)을 '매출액'이라고 합니다. 매출과 매출액을 혼용해도 상관없습니다. 현금을 받고 팔았건 외상으로 팔았건, 수요자에게 제품이나 상품을 넘겼다면 모두 매출이 됩니다.

유통업체 ㈜판매왕이 있습니다. 2019년 11월 정수기 제조업체 ㈜워터짱으로부터 정수기 10대를 100만 원에 구매했습니다. 그리고 이 정수기를 대당 150만 원에 ㈜달봉전자에 납품했습니다. 정수기 대금은 2020년 1월에 받기로 했습니다. 판매왕은 매출을 장부에 언제 기록하면 될까요?

두 가지 방법이 있습니다. 달봉전자에 정수기를 넘겨준 시점, 즉 2019년 11월에 바로 매출을 인식하는 것입니다. 상품을 이전하고 세금계산서를 주고받는 회계 사건이 발생한 시점에 장부에 기록하라는 것입니다. 이것을 발생주의 회계라고 합니다.

두 번째는 2020년 1월 달봉전자로부터 현금 결제를 받는 시점에 매출로 계상하는 것입니다. 돈이 실제로 들어온 시점에 매출액을 기록하라는 거지요. 이것을 현금주의 회계라고 합니다. 전 세계 대부분 나라는 발생주의 회계를 채택하고 있습니다.

# [ 제품과 상품의 차이 ]

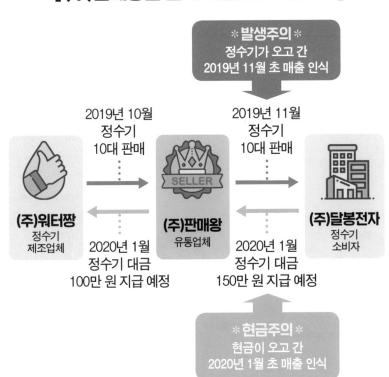

**삼성전자** 제조업체 —매출→ **롯데 하이마트** 유통업체 —매출→ **소비자**

현금 또는 외상 / 현금 또는 외상

스마트폰 = 제품 / 스마트폰 = 상품 / 스마트폰

# [ (주)판매왕은 언제 매출로 인식할까? ]

✻ 발생주의 ✻
정수기가 오고 간
2019년 11월 초 매출 인식

2019년 10월
정수기
10대 판매

2019년 11월
정수기
10대 판매

**(주)워터짱** 정수기 제조업체

**(주)판매왕** 유통업체
SELLER

**(주)달봉전자** 정수기 소비자

2020년 1월
정수기 대금
100만 원 지급 예정

2020년 1월
정수기 대금
150만 원 지급 예정

✻ 현금주의 ✻
현금이 오고 간
2020년 1월 초 매출 인식

# 손익계산서에서 가장 먼저 산출되는 매출이익 구하기

● ● ● (주)판매왕이 거래에서 손해를 봤는지 이익을 봤는지 계산해 볼까요?
손익 계산 공식은 다음과 같습니다.

## <손익 계산 공식>

## 수익-비용=이익

'어? 수익이랑 이익이랑 같은 말이 아닌가요?'

손익 계산 공식을 본 순간, 여러분 머리에 퍼뜩 이런 의문이 떠올랐을 수도
있습니다.

네. 일상생활에서는 '수익'이나 '이익'을 같은 말처럼 씁니다. 그러나 회계에
서는 완전히 다른 말입니다. 수익은 '번 돈', 비용은 '쓴 돈', 이익은 '남긴 돈'
입니다. 번 돈에서 쓴 돈을 빼면 남긴 돈이 계산되듯, 수익에서 비용을 빼서
이익을 구하는 겁니다.

## [ 손익 계산 공식 ]

수익
(번 돈)

—

비용
(쓴 돈)

=

이익
(남긴 돈)

## [ 손익계산서에서 이익의 4단계 ]

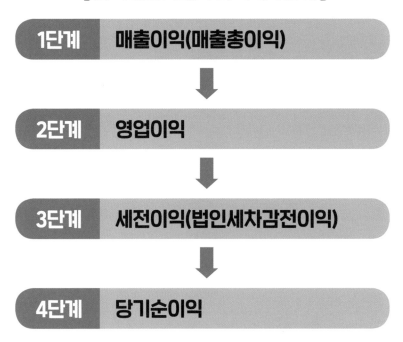

| 1단계 | 매출이익(매출총이익) |

↓

| 2단계 | 영업이익 |

↓

| 3단계 | 세전이익(법인세차감전이익) |

↓

| 4단계 | 당기순이익 |

손익을 계산하는 이유는 사업해서 남긴 돈이 얼마인지, 즉 이익을 구하기 위해서입니다. 〈손익계산서〉에 기재된 이익은 총 네 개입니다. 산출하는 순서대로 보면 '매출이익(매출총이익)'이 가장 먼저입니다. 그다음으로 '영업이익', '세전이익(법인세차감전이익)', '당기순이익' 순으로 이익을 계산합니다. 영업이익부터 당기순이익까지는 뒤에서 살펴보도록 하고, 여기서는 매출이익만 확실하게 알고 넘어갑시다.

매출은 수익입니다. 회사의 주된 영업활동에서 번 돈입니다. 그래서 매출을 '영업수익'이라고 부르기도 합니다. 〈손익계산서〉의 가장 윗부분에 자리 잡습니다.

## 매출 = 영업수익

매출이라는 수익에 대응하는 비용이 매출원가입니다. 매출원가는 판매된 제품이나 상품의 원가를 말합니다.

(주)판매왕은 2019년에 (주)달봉전자에 정수기 1대당 15만 원에 10대를 팔아 150만 원의 매출액을 기록합니다. 매출원가는 판매왕이 워터짱으로부터 정수기를 매입한 가격입니다. 그러니까 100만 원(10만 원×10대)이지요. 매출액(150만 원)에서 매출원가(100만 원)를 빼면 매출이익은 50만 원입니다.

# [ (주)판매왕의 손익 계산 ]

2019년 10월
정수기
10대 판매

2019년 11월
정수기
10대 판매

**(주)워터짱**
정수기
제조업체

**(주)판매왕**
유통업체

**(주)달봉전자**
정수기
소비자

2020년 1월
정수기 대금
100만 원 지급 예정

2020년 1월
정수기 대금
150만 원 지급 예정

## 손익 계산

SELLER 판매왕

〈 2019년 손익계산서 〉

| | | |
|---|---|---|
| 매출액 | 150만 원 | → 상품을 판매한 금액 |
| - 매출원가 | 100만 원 | → 판매된 상품의 원가 |
| | | (＊유통업체의 경우 매입한 원가) |
| 매출이익 | 50만 원 | |

# 제조원가와 매출원가, 무엇이 다를까?

●●● 이번에는 정수기 제조업체인 (주)워터짱의 손익을 계산해볼까요.

워터짱은 2019년 10월에 정수기 10대를 (주)판매왕에게 100만 원에 팔았습니다. 이 10대의 정수기를 만드는데 들어간 제조원가는 70만 원입니다.

워터짱은 2019년 〈손익계산서〉에 매출액 100만 원을 기록합니다. 매출원가는 얼마일까요?

네. 판매한 정수기 10대를 만드는데 들어간 원가 70만 원이 바로 매출원가가 됩니다. 그래서 매출이익은 '100만 원-70만 원=30만 원'입니다.

### < (주)워터짱의 손익 계산 >

$$\underset{\text{매출액}}{100만\ 원} - \underset{\text{매출원가}}{70만\ 원} = \underset{\text{매출이익}}{30만\ 원}$$

# [ (주)워터짱의 손익 계산 ]

2019년 10월
정수기
10대 판매

2019년 11월
정수기
10대 판매

(주)워터짱
정수기
제조업체

(주)판매왕
유통업체

(주)달봉전자
정수기
소비자

2020년 1월
정수기 대금
100만 원 지급 예정

2020년 1월
정수기 대금
150만 원 지급 예정

## 손익 계산

 (주)워터짱

〈2019년 손익계산서〉

| 매출액 | 100만 원 | → 정수기 10대를 제조해 판매한 금액 |
|---|---|---|
| - 매출원가 | 70만 원 | → 정수기 10대 제조에 투입된 원가 |
| 매출이익 | 30만 원 | |

이런 경우를 한번 생각해 볼까요? 워터짱이 2020년에 정수기 20대를 만드는데 제조원가로 160만 원이 들어갔습니다(정수기 1대당 제조원가는 8만 원이겠군요). 워터짱은 이 가운데 10대를 100만 원에 팔았습니다. 매출이익은 얼마일까요?

정수기 매출액은 100만 원, 정수기를 만드는데 들어간 원가가 160만 원이라고 했으니 매출원가는 160만 원. 따라서 매출이익은 '100만 원-160만 원=60만 원 적자'라고 계산하면 맞을까요?

틀렸습니다!!!

어디가 틀렸을까요?

매출원가는 말 그대로 판매된 제품의 원가입니다. 판매된 정수기는 총 10대이고, 제조원가는 80만 원(대당 제조원가 8만 원×10대)입니다. 따라서 올바른 계산은 다음과 같습니다.

'매출액 100만 원-매출원가 80만 원=매출이익 20만 원'

참고로, 실제 기업에서는 2020년에 판매한 정수기 중에는 2019년 제조품과 2020년 제조품이 섞여 있을 수 있습니다. 이들의 제조원가에 차이가 있다면 매출원가 계산은 사례에서 제시된 것보다 복잡할 수 있습니다.

## (주)워터짱의 2020년 매출이익 계산해보기

- 정수기 20대 제조(제조원가 160만 원 투입)
- 10대를 100만 원에 판매

## 손익 계산

| 매출액 | 100만 원 |
|---|---|
| - 매출원가 | 160만 원 |
| 매출이익 | 60만 원 적자 |

| 매출액 | 100만 원 | → 판매금액(10대, 100만 원) |
|---|---|---|
| - 매출원가 | 80만 원 | → 판매된 제품의 원가 |
| | | (＊대당 제조원가 8만 원×10대) |
| 매출이익 | 20만 원 | |

# 800만 원어치 옷을 팔았는데, 매출은 200만 원? 분식회계?

●●● 롯데백화점 안에 트렌치코트 판매 매장이 있다고 가정해 보겠습니다. 의류제조업체 (주)멋쟁이는 트렌치코트 100벌을 롯데백화점에 납품했고, 백화점은 외상매입을 했습니다. 이 매장에서 트렌치코트가 80벌(1벌당 10만 원) 팔렸습니다. 롯데백화점의 트렌치코트 매출액은 800만 원(80벌×10만 원)일까요? 그렇지 않습니다!

매출을 인식하는 방법 중에는 총액매출(총매출)과 순액매출(순매출)이 있습니다. 두 가지 차이를 알아야 롯데백화점의 매출을 제대로 계산할 수 있습니다.

롯데백화점은 트렌치코트 재고에 대한 위험을 지지 않고, 팔다 남은 재고를 멋쟁이에게 언제든 반품할 권리를 가지기로 약정했습니다. 롯데백화점 내 트렌치코트 판매장에서 판매 업무에 종사하는 사람들은 멋쟁이에서 나온 직원입니다. 백화점 내 매장에서 팔리면 판매금액 800만 원은 일단 백화점 계좌로 들어갑니다. 백화점은 이 가운데 600만 원을 멋쟁이에게 송금해 주고 200만 원만 가집니다.

재고 위험을 백화점이 지지 않는다는 것은 백화점은 판매공간을 제공해 멋쟁이와 소비자를 연결해주는 역할만 담당한다는 뜻입니다. 그래서 백화점 매장에서 트렌치코트가 800만 원어치 팔렸어도, 판매수수료 명목으로 받는 200만 원만 재무제표에 매출로 잡아야 합니다. 이 판매수수료에는 판매공간을 제공해 준 대가와 '롯데백화점에서 팔리는 옷'이라는 명성을 이용하게 해준 대가 등이 포함되어 있다고 할 수 있습니다. 나머지 600만 원은 멋쟁이에게 의류 대금으로 정산 지급해 줄 돈입니다.

# [ 총액매출(총매출)과 순액매출(순매출) ]

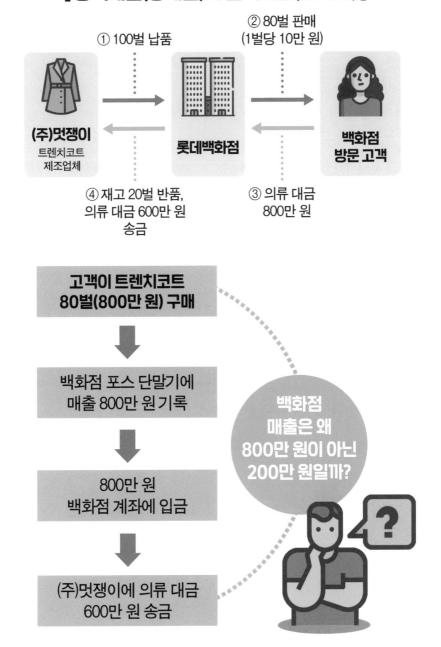

① 100벌 납품

② 80벌 판매
(1벌당 10만 원)

(주)멋쟁이
트렌치코트
제조업체

롯데백화점

백화점
방문 고객

④ 재고 20벌 반품,
의류 대금 600만 원
송금

③ 의류 대금
800만 원

고객이 트렌치코트
80벌(800만 원) 구매

백화점 포스 단말기에
매출 800만 원 기록

800만 원
백화점 계좌에 입금

(주)멋쟁이에 의류 대금
600만 원 송금

백화점
매출은 왜
800만 원이 아닌
200만 원일까?

# 재무제표에 기록하는 순매출, 총매출과 구분하자

●●● 롯데백화점 포스 단말기에서 집계된 800만 원을 '총매출'이라고 합니다. 백화점 매장에서 800만 원어치 상품이 거래되었다는 것을 나타냅니다. 실제 롯데백화점 재무제표에 매출로 잡히는 200만 원을 '순매출'이라고 합니다.

백화점에서 트렌치코트를 이런 방식으로 팔면서, 구두 제조업체 ㈜편한구두로부터 구두 100켤레를 직접 1000만 원에 매입해 1500만 원에 팔았다고 해 보겠습니다. 구두는 직매입 상품으로, 백화점이 재고 부담을 안고 직영매장에서 판매합니다.

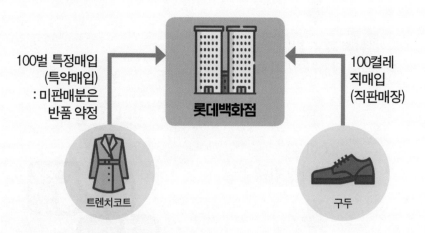

이제 롯데백화점의 매출은 얼마일까요?

백화점은 매출 구조를 오른쪽 그림과 같은 방식으로 설명합니다.

**롯데백화점 재무제표 주석에 설명된 매출 구조**

- (주)멋쟁이로부터 트렌치코트 100벌을 납품받아서 80벌을 800만 원에 판매. 이 중 600만 원 멋쟁이에게 송금.
- (주)편한구두에게 구두 100켤레 1000만 원에 매입해 1500만 원에 판매.

| 1. 총매출 | 2300만 원 | 구두 판매금액 1500만 원과 트렌치코트 판매금액 800만 원을 더하면 2300만 원입니다. |
|---|---|---|
| 2. 총매출에 대한 차감 | 600만 원 | 총매출에서 (주)멋쟁이에게 지급해 준 정산금 600만 원을 뺍니다. 이 정산금을 '특정매입원가'라고 표현합니다. |
| 3. 순매출액 | 1700만 원 | 총매출 2300만 원 − 특정매입원가(의류제조업체 정산금) 600만 원 = 순매출액 1700만 원입니다. |
| 4. 매출원가 | 1000만 원 | 직매입상품(구두) 원가 1000만 원이 있습니다. |
| 5. 매출총이익 | 700만 원 | 재무제표상 순매출액 1700만 원 − 매출원가 1000만 원 = 700만 원입니다. |

회계에서는 재고 부담 없이 판매중개자 역할만 한 것이라면 '대리인' 역할을 했다고 말합니다. 재고 부담을 지고 직매입해 팔았다면 '본인(당사자)' 역할을 했다고 말합니다.

트렌치코트 거래에서 롯데백화점은 '대리인' 역할을 했습니다. 롯데백화점 안에 멋쟁이가 트렌치코트를 판매할 수 있는 매장을 제공해주고, 판매분 800만 원에 대한 수수료로 200만 원(수수료율 25%)을 받은 것입니다. 이 200만 원이 롯데백화점의 트렌치코트 순매출(재무제표상 매출)입니다. 800만 원은 총매출이라고 해 재무제표상 매출은 아니지만, 재무제표의 주석(설명서)에서 참고로 보여주는 것입니다.

한편, 멋쟁이는 백화점에 납품한 이후에도 여전히 재고 위험을 안고 있었습니다. 그래서 납품 단계가 아닌 정산 시점에 가야 매출 600만 원을 인식할 수 있습니다.

멋쟁이는 백화점에 납품한 이후에도 재고 위험을 안고 있다.

# [ 트렌치코트 판매분 800만 원은 누구의 매출인가? ]

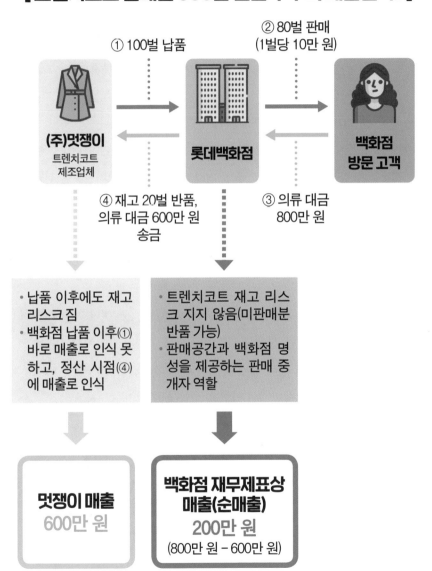

① 100벌 납품

② 80벌 판매
(1벌당 10만 원)

**(주)멋쟁이**
트렌치코트
제조업체

**롯데백화점**

**백화점
방문 고객**

④ 재고 20벌 반품,
의류 대금 600만 원
송금

③ 의류 대금
800만 원

• 납품 이후에도 재고
리스크 짐
• 백화점 납품 이후①
바로 매출로 인식 못
하고, 정산 시점④
에 매출로 인식

• 트렌치코트 재고 리스
크 지지 않음(미판매분
반품 가능)
• 판매공간과 백화점 명
성을 제공하는 판매 중
개자 역할

**멋쟁이 매출**
600만 원

**백화점 재무제표상
매출(순매출)**
200만 원
(800만 원 – 600만 원)

# 100% 직매입 마켓컬리,
# 오픈마켓만 한다면?

●●● 신선식품 유통사 마켓컬리(법인명 (주)컬리)의 김슬아 대표는 이런 말
을 한 적이 있습니다.

"다른 유통사와 달리 우리는 생산자의 제품을 100% 직매입한다."

마켓컬리는 생산자와 소비자를 연결해주는 단순 중개 플랫폼이 아니라는 겁
니다. 제품을 직접 구매해 물류창고에 보관하고, 재고 위험을 떠안으며 판매
한다는 거지요.

샐러드 한 팩을 생산업체로부터 1만 원에 직매입해 소비자에게 1만 2000원
에 판다면 '상품매출 1만 2000원-상품매출원가 1만 원=매출이익 2000원'으
로 계산됩니다.

만약 마켓컬리가 거래 플랫폼 운영사(오픈마켓, 수수료율 10% 가정)라면 어떻
게 될까요? 샐러드 생산자는 플랫폼 입점업체가 됩니다. 입점업체가 판매한
샐러드 금액 1만 2000원에 대한 10%, 즉 1200원이 마켓컬리의 매출(판매수수
료수익)이 되는 거지요. 이렇게 수수료만을 매출로 인식하
면 매출원가는 따로 인식할 것이 없습니다. 그래서 매출
1200원-매출원가 0원=매출이익 1200원으로
계산됩니다.

# 직매입매출(상품매출)과 판매수수료 매출

## [ 마켓컬리가 직매입하는 경우 ]

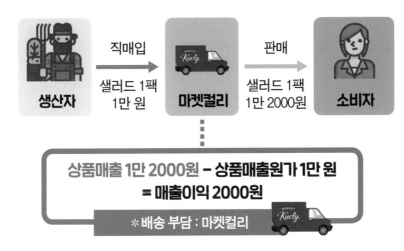

상품매출 1만 2000원 – 상품매출원가 1만 원
= 매출이익 2000원

* 배송 부담 : 마켓컬리

## [ 만약 마켓컬리가 오픈마켓 운용사라면? ]
### – 판매수수료 10% 가정 –

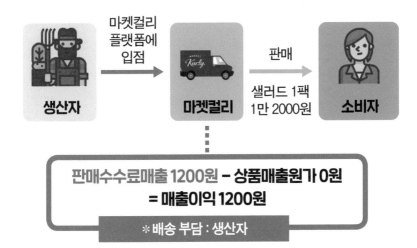

판매수수료매출 1200원 – 상품매출원가 0원
= 매출이익 1200원

* 배송 부담 : 생산자

# G마켓과 쿠팡,
# 스타벅스와 이디야의
# 매출 차가 큰 이유

●●● 이커머스 기업 중 쿠팡은 직매입 비중이 높은 편입니다. 로켓배송 등 물류시스템 투자를 강화하면서 2015년부터 직매입 비중을 확 높였습니다. 2019년 말 현재 직매입으로 거래되는 상품과 오픈마켓에서 입점업체들이 판매하는 상품이 금액기준으로 41%대 59% 정도인 것으로 추정됩니다. 반면 위메프나 티몬은 여전히 오픈마켓 위주입니다. G마켓과 옥션을 운영하는 ㈜이베이코리아는 직매입이 거의 없습니다.

쿠팡과 G마켓에서 똑같은 가습기 1대가 판매되었다고 해도 인식하는 매출액 차이는 아주 클 수 있습니다. 쿠팡이 10만 원에 직매입해 12만 원에 팔면 상품매출은 12만 원이 됩니다. G마켓(수수료율 10%로 가정)에 입점한 가습기 제조사가 12만 원에 소비자에게 팔았다면 이베이코리아 매출은 1만 2000원이 되지요. 매출액을 단순 비교하면 착시가 발생합니다.

동일 업종에서 매출 구조 차이에 따른 착시가 심한 사례로 스타벅스커피코리아와 이디야를 들 수 있습니다. 두 회사의 2019년 매출액은 각각 1조 8696억 원, 2208억 원입니다. 스타벅스가 이디야의 8.5배나 됩니다. 그런데 매장수(2019년 말 기준)는 스타벅스(1340개)가 이디야(3000개)의 절반에도 못 미칩니다. 매출 차이가 왜 이렇게 클까요? 스타벅스는 모두 직영매장입니다. 매장에서 팔리는 모든 제품(커피 등 음료수)과 상품이 본사 매출로 집계됩니다. 이디야는 가맹점 중심입니다. 본사에서 가맹점에 판매하는 로스팅 원두류나 일부 상품들만 매출로 잡습니다.

# 쿠팡과 G마켓 매출 인식 차이

## [ 쿠팡-직매입매출(상품매출) ]

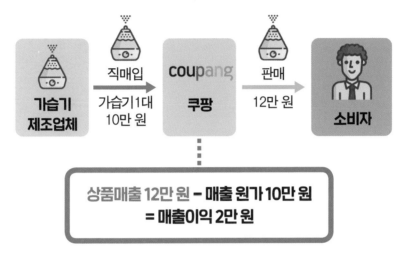

상품매출 12만 원 - 매출 원가 10만 원
= 매출이익 2만 원

## [ G마켓-판매수수료 매출 ]

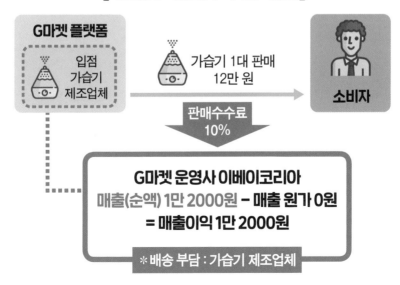

G마켓 운영사 이베이코리아
매출(순액) 1만 2000원 - 매출 원가 0원
= 매출이익 1만 2000원

＊배송 부담 : 가습기 제조업체

# 신세계와 현대백화점
# 매출 구조 해석해보기

●●● 실제 유통업체들이 재무제표와 주석을 공시할 때 매출 구조를 어떤 식으로 설명하는지를 살펴보겠습니다. 그림은 이해를 돕기 위해 일부 편집했습니다.

(주)신세계(신세계백화점)의 2019년 총매출은 3조 9855억 원입니다. 신세계가 직매입한 상품을 파는 매장(직영매장)과 납품업체에게 제공한 공간에서 판매된 상품 금액이 모두 합쳐진 수치입니다.

총매출에서 업체에게 정산지급해 준 금액(앞에서 예로 든 트렌치코트의 경우 600만 원)을 빼야 순매출을 산출할 수 있습니다. 순매출이 실제 재무제표〈손익계산서〉에 '매출액'으로 표시되는 금액이라고 했습니다.

앞서 입점업체에게 정산해주는 지급액을 '특정매입원가'라 표현한다고 설명했습니다(28~31쪽 참조). 말이 조금 어렵지요? (주)멋쟁이 트렌치코트 판매정산금만 떠올리면 됩니다.

그렇게 총매출 3조 9855억 원에서 특정매입원가 2조 4279억 원을 빼서 〈손익계산서〉상 매출액(순매출액) 1조 5576억 원을 구했습니다.

현대백화점의 경우 2019년에 백화점 내 모든 매장에서 팔린 총매출액은 4조 1628억 원입니다. 이 금액에서 외부업체에게 정산해 지급한 특정매입원가 (2조 5207억 원)를 빼면 순매출이 됩니다.

# 백화점 2사 매출 구조

*개별재무제표 내용은 일부 생략 편집

## (주)신세계(신세계백화점)

| 항목 | 금액 |
|---|---|
| 총매출액 | 3조 9855억 원 |
| 특정매입원가 | 2조 4279억 원 |
| 순매출액 | 1조 5576억 원 |

## (주)현대백화점

| 항목 | 금액 |
|---|---|
| 총매출액 | 4조 1628억 원 |
| 총매출차감 | 2조 7775억 원 |
| 특정매입원가 | 2조 5207억 원 |
| 매출에누리 | 1796억 원 |
| 순매출액 | 1조 3852억 원 |

납품업체에 정산해주는 지급액

# 매출 기준을 바꾸면
# 이익도 크게 달라질까?

●●● 매출을 총액이 아닌 순액으로 표시해야 하는 대표적인 업종은 유통 관련 업종이나 여행업종, 게임업종 등 입니다. 또 같은 업종이라도 개별 기업의 사업 구조에 따라 총액과 순액 적용이 엇갈릴 수도 있습니다. 총액 기준 매출을 순액 기준 매출로 바꾸면 매출 크기에는 변화가 생기지만, 이익에는 아무 변화가 없습니다.

예를 들어 신나라여행사가 색동항공사가 내놓은 100만 원짜리 항공권을 여행객에게 120만 원에 판매한다고 해 봅시다. 여행사는 항공권 판매중개만 하지 판매되지 않은 항공권에 대해 재고 부담을 지지 않습니다(성수기에는 여행사가 항공권을 선매입기도 하지만 이런 경우는 일단 무시합니다).

신나라여행사 매출액을 총액 기준으로 하면 120만 원, 매출원가는 100만 원, 매출이익은 20만 원입니다. 이를 순액 기준으로 바꿔 봅시다. 여행사는 소비자에게 항공권을 120만 원에 팔고 항공사에 100만 원을 입금합니다. 여기서 발생하는 차액 20만 원이 여행사 매출액이 됩니다. 매출원가는 0원이고, 매출이익은 20만 원입니다. 매출액은 변했지만 이익은 그대로입니다.

유명 요리전문가 백종원 씨가 경영하는 요식업 프랜차이즈업체 (주)더본코리아가 2019년 결산을 하면서 매출 기준을 총액에서 순액으로 바꾸었습니다. 2018년 〈손익계산서〉도 순액 기준으로 재작성했습니다. 총액에서 순액 기준으로 바꾼 〈손익계산서〉를 보세요. 매출과 매출원가만 바뀌었지 이익은 똑같습니다.

# 총액 기준을 순액 기준으로 바꿨을 때 생기는 변화

## [ 신나라여행사 사례 ]

색동항공사 → (항공권 100만 원) → 신나라여행사 → (항공권 120만 원) → 여행객

| 구분 | 총액 기준 | 순액 기준 |
|------|-----------|-----------|
| 매출 | 120만 원 | 20만 원 |
| 매출 원가 | 100만 원 | 0 |
| 매출이익 | 20만 원 | 20만 원 |

## [ 백종원의 (주)더본코리아 2018년 손익계산서 ]

| 구분 | 총액 기준 | 순액 기준 |
|------|-----------|-----------|
| 매출 | 1776억 원 | 1025억 원 |
| 매출 원가 | 1282억 원 | 531억 원 |
| 매출이익 | 494억 원 | 494억 원 |

매출액과 매출원가는 달라도 이익은 동일해유~

# 매출 15배 차이 쿠팡과 위메프, 상품 거래는 4.3배 차이

●●● 이커머스 기업의 경우 회사마다 상품 직접거래 매출(총액매출)과 오픈마켓 판매수수료매출(순액매출) 간에 비율 차이가 있기 때문에, 재무제표상 매출 수치만 놓고 비교하면 착시를 일으킬 수 있습니다.

쿠팡과 위메프를 한번 볼까요.

쿠팡의 2019년 매출액은 7조 1407억 원입니다. 매출원가는 5조 9665억 원입니다.

직매입 상품이 많다 보니 매출원가율(84%)이 높습니다. 업계에서는 쿠팡의 직매입상품매출이 6조 2000억 원, 오픈마켓 수수료매출이 9000억 원 정도일 것으로 추정하고 있습니다.

반면 위메프의 2019년 매출액은 4653억 원 밖에 안됩니다. 쿠팡이 위메프보다 매출이 15배나 많습니다. 그런데 위메프는 상품매출이 1190억 원, 수수료매출이 3454억 원입니다. 판매금액의 10% 남짓으로 추정되는 판매수수료를 받아 올린 매출이 오히려 상품매출의 세 배 가까이 됩니다. 위메프는 수수료매출 위주라는 것을 알 수 있습니다. 위메프의 매출원가율은 25%밖에 되지 않습니다.

# [ 이커머스 기업 매출 비교 착시 ]

coupang

[ 2019년 재무제표 ]
매출 : 7조 1407억 원
매출원가 : 5조 9665억 원
매출원가율 : 84%

재무제표상
매출액 차이
15배

[ 매출 비중 추정치 ]
직매입매출(상품매출) :
6조 2000억 원
➕
수수료매출 : 9000억 원
(상품매출 환산 시 9조 원 추정)
⏸
총상품 거래 규모 :
15조 2000억 원
(6조 2000억 원+9조 원)

위메프

[ 2019년 재무제표 ]
매출 : 4653억 원
매출원가 : 1168억 원
매출원가율 : 25%

총
상품 거래
규모 차이
4.3배

[ 매출 비중 추정치 ]
직매입매출(상품매출) :
1190억 원
➕
수수료매출 : 3454억 원
(상품매출 환산 시
3조 4540원 추정)
⏸
총상품 거래 규모 :
3조 5730억 원
(1190억 원+3조 4540억 원)

위메프의 수수료 매출을 상품매출로 환산(수수료율을 10% 가정)해 봅시다. 3조 4540억 원(3454억 원/10%)이 됩니다. 따라서 위메프 플랫폼에서 거래된 총상품 거래 규모를 추정해보면 3조 5730억 원(상품매출 1190억 원+수수료매출을 상품매출로 환산한 추정치 3조 4540억 원) 정도 되겠네요.

쿠팡도 수수료율을 10%로 가정한다면 수수료매출 9000억 원은 상품매출 9조 원에 해당합니다. 쿠팡 플랫폼에서 거래된 총상품 거래 규모는 15조 2000원(6조 2000억 원+9조 원) 정도로 추정됩니다.

상품 거래 규모로 비교해보면 쿠팡 플랫폼에서 거래된 금액이 위메프의 4.3배 정도 됩니다. 단순 매출액 비교에서 나타난 15배보다는 크게 줄었습니다.

직매입 비중이 큰 회사는 오픈마켓(판매중개) 비중이 큰 회사보다 재무제표상 매출액이 훨씬 크게 나타납니다. 그렇다고 해서 두 회사 플랫폼에서 발생한 상품 거래액 규모도 그만큼 차이 나는 건 아니라는 거지요.

**[ 쿠팡과 위메프 매출 비교 ]**

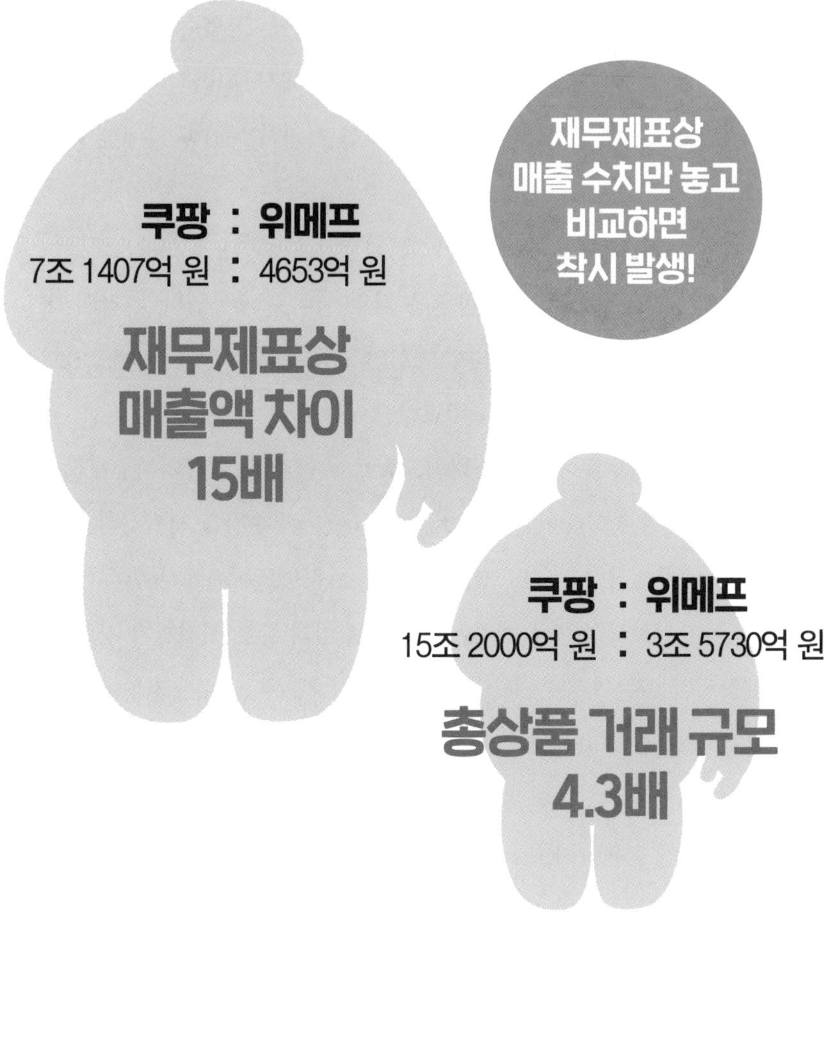

쿠팡 ： 위메프

7조 1407억 원 ： 4653억 원

**재무제표상
매출액 차이
15배**

재무제표상
매출 수치만 놓고
비교하면
착시 발생!

쿠팡 ： 위메프

15조 2000억 원 ： 3조 5730억 원

**총상품 거래 규모
4.3배**

# 용역매출 인식 방법, 메가스터디의 강의 서비스

●●● 〈손익계산서〉의 출발점은 '영업수익(매출)'입니다. 매출 인식이 잘못 됐는데 최종 결과물인 당기순이익이 올바르게 산출될 리 없습니다. 고의로 회계기준을 위반하는 분식회계도 매출을 조작하는 데서 출발하는 경우가 많지요. 오류(실수 또는 회계기준에 대한 무지)에 의한 회계기준 위반 사례도 매출을 잘못 인식한 경우가 상당히 많습니다.

㈜메가스터디교육처럼 온라인강의와 학원 운영을 주력으로 하는 회사는 용역매출이 대부분입니다. 여기서 용역은 강의 서비스 제공입니다. 강의 대가로 받는 돈이 영업수익이라는 거지요. 강의 교재를 파는 상품매출도 있기는 합니다만, 그 규모는 강의매출과 비교하면 아주 작은 수준입니다.

똘똘이가 2019년 10월 초에 메가스터디교육에 60만 원을 지급하고 6개월짜리 고교수학 온라인 강의(2019년 10월 초~2020년 3월 말) 수강을 시작했다고 해봅시다. 그럼 메가스터디교육은 2019년 10월 초에 똘똘이에게서 받은 60만 원을 다 매출로 인식할 수 있을까요? 아닙니다! 미래 종료 시점까지 강의 서비스를 제공해야 하는 의무가 붙어 있는 돈이기 때문에 서비스 진행에 맞추어 매출로 반영해야 합니다.

10월 말이 되면 1개월분 10만 원 어치(60만 원/6개월) 강의 서비스가 완료된 셈이니, 매출 10만 원을 인식합니다. 2019년 말 결산을 할 때는 3개월 치(10~12월) 강의에 해당하는 30만 원까지만 매출로 반영되겠지요. 나머지 30만 원은 2020년 매출로 잡힙니다.

# [ 매출의 종류 ]

**삼성전자**
반도체·스마트폰 등
디지털가전 제조

**제품매출**

**이마트**
생활용품 및 음식료품
유통

**상품매출**

**메가스터디교육**
온라인 강의 및
학원 운영

**용역매출**
(강의 서비스 제공)

# [ 강의 서비스의 매출 인식 ]

30만 원(2019년 매출)    30만 원(2020년 매출)

10만 원  10만 원  10만 원    10만 원  10만 원  10만 원

2019년 10월 초        2019년 말        2020년 3월 말

똘똘이가
수학 강의(6개월 과정)
수강료 60만 원 선지급

**<손익계산서> 결산**
영업수익(강의매출)
30만 원

# 바이오 기업의
# 기술 수출 계약 수익 인식

●●● '대박제약, 10조 원 신약 후보 물질 기술 수출 계약 성공'

2019년 9월 이 뉴스를 들은 주식 투자자들은 대박제약으로 몰려들었고 주가도 몇 배 올랐습니다. 이때 대박제약 주식을 산 한방이는 2019년 말 회사가 공시한 재무제표를 보고 의문을 가지게 되었습니다. 기술 수출로 매출액이 크게 상승할 줄 알았는데, 기술 수출 대가로 받은 매출액은 500억 원에 불과했기 때문입니다.

대다수 기술 수출 계약은 마일스톤방식으로 이루어집니다. 마일스톤방식 계약은 계약 체결 후 받는 '계약금'과 개발 단계별 성공 여부에 따른 '단계별 기술료'로 구성됩니다. 개발 단계는 보통 전임상, 임상 1~3상, 판매허가신청, 허가완료 단계를 거칩니다. 제품이 출시된 이후에는 개발 마일스톤과는 별개로 판매액의 일정 비율에 해당하는 로열티를 받게 됩니다. 대박제약의 기술 수출액 10조 원은 미래의 모든 불확실한 금액이 포함된 총액입니다.

회계에서는 계약상 의무가 종료하는 시점에 매출로 인식합니다. 마일스톤의 경우 대금을 받기로 한 각 개발 단계가 성공했을 때 매출로 인식하게 됩니다. 다만 계약을 체결하는 시점에 받은 계약금은 일반적으로 돌려줄 의무가 없으므로 바로 매출로 인식할 수 있습니다.

만약 대박제약이 1단계 임상이 진행 중인 상태에서 상대 회사로부터 미리 돈을 받았다면 어떻게 될까요? 이것은 회사의 매출이 아닌 부채로 기록합니다. 이후 1단계 임상이 성공하는 시점에 부채를 없애면서 매출로 인식합니다.

# [ 마일스톤 계약의 수익 인식 시점 ]

대박제약 신약!
10조 원
기술 수출
계약 성공!!!

10조 원 기술 수출 계약을 했는데,
왜 재무제표에 반영된 기술 수출 관련 매출액이
500억 원밖에 안 되지?

### 확정된 계약금
### (Upfront Payment)
계약 체결 직후 또는 일정 기간 내 수령.
반납하지 않는 것이 일반적.

- 계약 시점에
  수익 인식

### 단계별 기술료(Milestone)
전임상 → 임상 1~3상
→ 판매허가신청 → 허가완료 등
개발 단계별로 성공 시 수령.
개발 여건이 나빠지거나
임상에 실패해 더 이상
개발하지 않을 경우 수령 불가.

- 단계별로
  성공 시 수익 인식
- 선수금은
  재무상태표에
  부채로 처리

### 로열티(Royalty)
개발에 성공해 판매허가를 받은 뒤
제품 매출에 따라 받게 되는 금액.
대개 로열티는
매출액 대비 비율로 책정.

- 생산된 제품
  판매 시 수익 인식

CHAPTER
02

# 제조(생산),
# 원가, 매출, 이익은
# 어떻게 맞물려
# 변화하는가?

# 손익을
# 산출하는 4단계

●●● 앞서 손익을 계산하는 공식은 '수익-비용=이익'이라고 했습니다. 회사의 주된 영업활동에서 얻는 수익에서 영업활동과 관련한 비용을 빼면 영업이익을 구할 수 있습니다. 제품이나 상품을 판매해 얻는 영업수익은 일반적으로 '매출'이라고 표현합니다. 서비스를 제공해 얻는 영업수익도 편의상 매출이라고 표현하기도 합니다. 백화점이나 이커머스 기업이 받는 판매수수료도 서비스 제공에 대한 대가에 해당합니다.

영업비용은 크게 두 가지입니다. '매출원가'와 '판매비 및 관리비(판관비)'입니다. 그래서 영업이익을 산출하는 과정을 크게 두 단계로 나눠볼 수 있습니다.

첫째, 매출액에서 매출원가를 빼 '매출이익(매출총이익)'을 구합니다.

둘째, 매출총이익에서 판관비를 빼 영업이익을 구합니다(판관비는 58~59쪽에서 자세히 설명합니다).

영업이익 아랫단으로 가면 '법인세차감전이익(세전이익)'을 구할 수 있습니다. 영업이익에다 영업외수익은 더하고 영업외비용은 빼주면 됩니다. 영업이익은 10억 원이 나더라도 영업외손익이 15억 원 적자(예: 영업외수익 5억 원, 영업외비용 20억 원)라면 결국 세전이익은 5억 원 적자(10억 원-15억 원)가 됩니다. 반대로 영업적자가 10억 원 나도 영업외손익이 15억 원 흑자라면 세전이익은 5억 원 흑자가 되겠지요.

마지막으로 세전이익에서 법인세비용을 빼면 당기순이익이 산출됩니다. 〈손익계산서〉에 나타난 법인세비용은 회계적으로 산출한 수치입니다. 실제로 세무서에 내는 법인세와는 차이가 납니다.

# [ 손익 계산 단계 ]

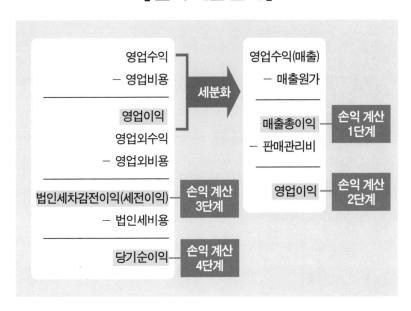

영업비용은 크게
매출원가와 판관비입니다.
매출액에서 매출원가를
빼면 매출총이익,
여기에서 판관비를 빼면
영업이익이 산출됩니다.

# 냉장고 제조원가와
# 기계장치의 감가상각

●●● 달봉전자가 2019년에 냉장고를 10대 제조했고, 이 가운데 5대를 판매했다고 가정해 보겠습니다. 냉장고를 만들려면 크게 세 가지가 필요합니다. 원재료(부품 포함), 기계장치, 사람입니다. 원재료는 사용하는 만큼 비용이 됩니다. 사람에게서는 인건비라는 비용이 발생합니다. 기계장치에서는 어떤 비용이 발생할까요? 기계장치는 가동하면 가동할수록 성능이 떨어진다고 봐야하겠지요. 회계에서는 이걸 감가상각비라는 비용으로 인식합니다.

예를 들어보겠습니다. 달봉전자가 냉장고 제조라인을 구축하는데 5000만 원이 들어갔습니다. 제조라인은 2019년 초 가동을 시작했습니다. 이 제조라인의 기계장치들은 5년 동안 사용할 수 있을 것으로 추정합니다. 회계적으로 5년 동안 사용 가능한 것으로 본다는 이야기지, 실제로 5년밖에 못 쓴다는 건아닙니다.

기계장치는 처음에는 〈재무상태표〉에 5000만 원짜리 자산으로 기록됩니다. 〈재무상태표〉는 회사의 자산, 부채, 자본이 얼마나 있는지를 기록해 놓은 재무제표입니다. 뒤에서 다시 자세히 설명할 겁니다.

이 기계장치는 가동 이후 해마다 1000만 원(5000만 원/5년 사용)씩 가치가 떨어지는 것으로 간주합니다. 따라서 〈재무상태표〉에 기록되는 가치(장부가격)가 '4000만 원, 3000만 원, 2000만 원……' 해마다 이런 식으로 감소해, 5년 뒤에는 '0'이 됩니다. 달봉전자는 해마다 줄어드는 장부가격(1000만 원)만큼을 〈손익계산서〉에서 감가상각비용으로 반영합니다.

 **냉장고 제조비용(제조원가)**

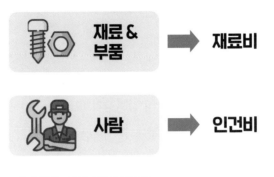

재료 & 부품 ➡ 재료비

사람 ➡ 인건비

기계장치 ➡ 감가상각비

 **기계장치의 감가상각**

**총감가상각비 5000만 원**

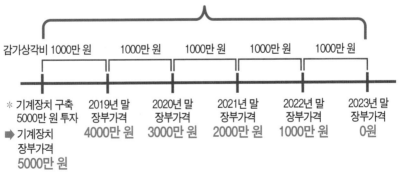

감가상각비 1000만 원 | 1000만 원 | 1000만 원 | 1000만 원 | 1000만 원

* 기계장치 구축
5000만 원 투자

➡ 기계장치
장부가격
5000만 원

2019년 말
장부가격
4000만 원

2020년 말
장부가격
3000만 원

2021년 말
장부가격
2000만 원

2022년 말
장부가격
1000만 원

2023년 말
장부가격
0원

＊ 2019년 초 가동 시작(가동 가능 기간 5년 추정)

# 생산량을 늘렸을 때
# 이익에 생기는 변화

●●● 2019년 중 달봉전자가 냉장고 10대를 만드는데 들어간 비용(제조원가)은 재료비(500만 원), 인건비(500만 원), 감가상각비(1000만 원) 세 가지뿐입니다. 총비용은 2000만 원이라고 가정합니다. 대당 제조원가는 200만 원(2000만 원/10대)입니다.

완성된 냉장고 10대는 물류창고에 들어가 재고자산(판매용 제품)으로 변신합니다. 이 재고자산은 제조원가를 품고 있습니다. 그래서 재고자산의 대당 장부가격도 200만 원으로 〈재무상태표〉에 기록됩니다.

이 가운데 5대가 팔렸습니다(대당 판매가격 300만 원). 냉장고 매출은 1500만 원(300만 원×5대), 이에 대응하는 매출원가(판매된 제품의 원가)는 1000만 원(재고자산 대당 200만 원×5대), 매출이익은 500만 원입니다.

재고자산은 팔리면 매출원가가 됩니다. 안 팔리면 그대로 재고자산입니다.

재고자산은
팔리면 매출원가,
안 팔리면
그대로 재고자산

SOLD OUT

# 달봉전자 2019년 손익 계산

**냉장고 10대**
**총제조원가 : 2000만 원**
- 재료비 : 500만 원
- 인건비 : 500만 원
- 감가상각비 : 1000만 원
➡ 대당 제조원가 200만원

**냉장고 10대(재고자산)**
**2000만 원**
**(200만 원 × 10대)**
➡ 대당 재고자산 가치
200만 원

**판매분 5대**
➡ 매출원가 1000만 원
(200만 원 × 5대)

**미판매분 5대**
➡ 재고자산 1000만 원
(200만 원 × 5대)

**- 2019년 손익 계산 -**
(냉장고 대당 판매가격 300만 원)

매출 1500만 원(300만 원×5대)
ㅡ 매출원가 1000만 원(200만 원×5대)

매출이익　500만 원

달봉전자가 2019년에 생산한 냉장고는 다 팔렸습니다. 2020년에는 냉장고 생산량을 두 배로 늘려 연간 20대를 만든다고 해 봅시다.

재료비는 생산량에 비례해 들어가니까 1000만 원(재료비 대당 50만 원×20대)이 될 겁니다. 인건비는 생산량에 비례하지는 않지만, 야근이나 주말근무 등으로 다소 증가해 800만 원이 되었다고 해 봅시다. 감가상각비는 증가할 이유가 없습니다. 1000만 원 그대로입니다.

냉장고 20대를 만드는데 원가가 총 2800만 원(1000만 원+800만 원+1000만 원) 들어갔으니 대당 제조원가는 140만 원(2800만 원/20대)입니다.

2019년처럼 똑같이 냉장고 5대를 팔아도 매출이익은 800만 원(매출액 1500만 원-매출원가 700만 원)으로, 60%나 증가합니다.

생산을 늘리면 대당 제조원가가 떨어져 당장은 이익 개선 효과를 볼 수 있습니다. 하지만 재고 판매가 원활하지 않으면 회사의 현금흐름이 크게 나빠져 자금난에 빠질 수 있습니다.

**달봉전자 2020년 손익 계산**

**냉장고 20대**
**총제조원가 : 2800만 원**
- 재료비 : 1000만 원
- 인건비 : 800만 원
- 감가상각비 : 1000만 원
➡ 대당 제조원가 140만 원

**냉장고 20대(재고자산)**
**2800만 원**
**(140만 원 × 20대)**
➡ 대당 재고자산 가치
  140만 원

**판매분 5대**
➡ 매출원가 700만 원
 (140만 원 × 5대)

**미판매분 15대**
➡ 재고자산 2100만 원
 (140만 원 × 15대)

**– 2020년 손익 계산 –**
(냉장고 대당 판매가격 300만 원)

매출 1500만 원(300만 원×5대)
— 매출원가 700만 원(140만 원×5대)
──────────────────
매출이익 800만 원

# 인건비,
# 어떨 때 제조원가가 되고
# 어떨 때 판관비가 될까?

●●● 냉장고를 판매했을 때 가장 먼저 떠오르는 비용은 제조원가입니다. 앞에서 보았듯 제조원가가 재고자산 장부가격이 되고, 이것이 다시 매출원가가 되었습니다. 매출원가는 결국 냉장고 제조활동과 직접 관련된 비용이라고 할 수 있습니다.

그런데 냉장고를 판매하려면 제조활동만으로는 안되지요. 본사의 영업, 마케팅, 상품기획, 재무, 연구개발 등 모든 부서 인력은 결국 매출을 올리기 위해 일하는 사람들입니다. 제품을 판매하기 위해서는 광고도 해야 하고, 배달도 해 줘야 합니다. 각종 수수료와 판매촉진비도 발생합니다. 이런 것들을 다 묶어서 '판매비 및 관리비(판관비)'라고 합니다.

여기서 우리가 한가지 유의할 점이 있습니다. 같은 인건비라도 제조활동 즉, 공장 쪽에서 일하는 직원 급여는 매출원가에 포함됩니다. 본사 쪽에서 일하는 직원 급여는 판관비에 포함됩니다. 감가상각비도 마찬가지입니다. 기계설비나 공장 건물 감가상각비는 매출원가, 본사 건물 감가상각비는 판관비가 됩니다.

일반적으로 매출총이익률(매출총이익/매출액)이 40%라면, 높은 편에 속합니다. 이 회사의 영업이익률도 높을까요? 영업이익률은 판관비율(판관비/매출액)에 달려있습니다. 판관비율이 25%라면 영업이익률은 15%(40%-25%)가 되어 양호한 수준을 나타내겠지요. 하지만 판관비율이 35%라면 영업이익률은 5%로 뚝 떨어집니다. 판관비율이 40%를 넘어 영업적자를 내는 경우도 있습니다.

# [ 매출원가와 판관비 분류 ]

냉장고 제조 공장
인건비

공장과 기계장치
감가상각비

생산현장에서
발생한 비용

제조원가 ➡ 재고자산
**매출원가**

영업, 마케팅, 재무,
홍보 부서 인건비

본사 건물
감가상각비

관리 부문에서
발생한 비용

**판매비 및 관리비**
**(판관비)**

공장 생산직 직원의 출퇴근을 돕는 통근버스의
감가상각비는 매출원가에 들어갈까?
판관비에 들어갈까?

정답
매출원가

# 변동비와 고정비 비중에 따른 이익 변화

●●● 영업비용(매출원가, 판관비) 항목들은 변동비와 고정비로 나누어 볼 수 있습니다. 변동비는 매출액이 증가하거나 감소하면 같이 증감하는 비용입니다. 재료비, 판매수수료, 운송비, 포장비 같은 것을 들 수 있지요. 고정비는 매출액 증감과 관련 없이 일정하게 발생하는 비용입니다. 감가상각비나 인건비, 임차료 같은 것을 들 수 있겠습니다. 인건비는 매출 급증으로 인력을 더 채용하거나 기존 인력의 추가 근무가 대거 발생하면 변동비적인 특성도 나타납니다. 그러나 일반적으로는 매출 증가폭보다는 변동폭이 훨씬 작아서 고정비로 봐도 괜찮을 것 같습니다. 특히 일반관리직 급여는 고정비 성격이 강합니다.

기업의 비용 구조에 따라 매출액 변동 시 이익이 어떤 영향을 받는지 알아보겠습니다. A, B 두 회사의 2019년 매출액은 120억 원입니다. 영업비용은 100억 원이고, 따라서 영업이익은 20억 원입니다. A사는 영업비용 중 변동비와 고정비가 6대 4 비율로, 변동비가 많습니다. B사는 반대로 4대 6 비율로 고정비가 많습니다.

2020년 두 회사의 매출액이 30% 증가했을 경우 이익이 어떻게 변할까요? 고정비는 매출액 증가와 관련 없이 그대로 유지되겠지요. 변동비는 매출액 증가율 30%만큼 증가했습니다. A사와 B사 모두 매출액 증가와 상관없는 고정비가 있기 때문에, 매출 증가율보다 이익 증가율이 더 크게 나타납니다. 그런데 B사의 이익 증가율이 A사보다 더 큽니다. B사의 고정비 비중이 더 높기 때문이지요.

# 기업의 비용 구조가 이익에 미치는 영향

| 매출 | 120억 원 |
|------|----------|
| 변동비 | 60억 원 |
| 고정비 | 40억 원 |
| 이익 | 20억 원 |

| 매출 | 120억 원 |
|------|----------|
| 변동비 | 40억 원 |
| 고정비 | 60억 원 |
| 이익 | 20억 원 |

**변동비 6 : 고정비 4**
고정비 비중이 낮음

**변동비 4 : 고정비 6**
고정비 비중이 높음

## [ 매출액이 30% 증가했을 경우 ]

| 매출 | 156억 원 |
|------|----------|
| 변동비 | 78억 원 |
| 고정비 | 40억 원 |
| 이익 | 38억 원 증가율 90% |

| 매출 | 156억 원 |
|------|----------|
| 변동비 | 52억 원 |
| 고정비 | 60억 원 |
| 이익 | 44억 원 증가율 120% |

# 매출 변동폭보다
# 이익 변동폭이 더 큰 이유,
# 영업 레버리지 효과

●●● 기업의 비용 구조에 따라 매출액에 변화가 있을 때 이익이 어떤 영향을 받는지 더 알아보지요. A사는 고정비 비중이 낮고, B사는 고정비 비중이 높은 비용 구조입니다.

A와 B사의 매출액이 30% 감소하면 어떻게 될까요? 매출이 감소해도 고정비용은 일정하게 발생합니다. 따라서 두 회사 모두 매출 감소율보다 이익 감소율이 더 높을 수밖에 없습니다.

A사는 그래도 변동비 비중이 좀 더 크다 보니 매출액이 감소한 만큼 변동비도 감소해 영업흑자는 지켰습니다. 그러나 B사는 매출액 감소와 상관없이 일정하게 발생하는 고정비 비중이 높다 보니 그만 영업적자로 돌아서고 말았습니다.

이렇게 고정비 때문에 매출 변동폭보다 이익 변동폭이 더 크게 나타나는 것을 영업 레버리지 효과라고 합니다. 고정비 비중이 높으면 영업 레버리지 효과는 더 크게 나타납니다.

영업비용을 변동비와 고정비로 분류할 수 있으므로, '영업수익-변동비-고정비=영업이익'이라 할 수 있습니다.

## 영업수익-변동비-고정비=영업이익

# 기업의 비용 구조가 이익에 미치는 영향

| 매출 | 120억 원 |
|---|---|
| 변동비 | 60억 원 |
| 고정비 | 40억 원 |
| 이익 | 20억 원 |

| 매출 | 120억 원 |
|---|---|
| 변동비 | 40억 원 |
| 고정비 | 60억 원 |
| 이익 | 20억 원 |

**변동비 6 : 고정비 4**
고정비 비중이 낮음

**변동비 4 : 고정비 6**
고정비 비중이 높음

## [ 매출액이 30% 감소했을 경우 ]

| 매출 | 84억 원 |
|---|---|
| 변동비 | 42억 원 |
| 고정비 | 40억 원 |
| 이익 | 2억 원 감소율 90% |

| 매출 | 84억 원 |
|---|---|
| 변동비 | 28억 원 |
| 고정비 | 60억 원 |
| 이익 | (4억 원) *영업손실 |

**영업 레버리지 효과 : 고정비 때문에 매출 변동폭보다
이익 변동폭이 크게 나타나는 것**

영업수익에서 변동비만을 뺀 수치를 공헌이익(contribution margin)이라고 부릅니다. 그러면 '공헌이익-고정비=영업이익'이라는 식이 성립되겠지요.

$$\underset{\text{공헌이익}}{\underline{\text{영업수익}-\text{변동비}} -\text{고정비}=\text{영업이익}}$$

왜 공헌이익이라고 부를까요? 공헌이익이 10억 원이고, 고정비가 6억 원이라고 해 봅시다. 공헌이익은 고정비를 회수하는 역할(공헌)을 하고, 남은 것이 있으면 영업이익을 창출하는 역할(공헌)을 하기 때문입니다.

만약 공헌이익이 5억 원 밖에 안된다면 고정비(6억 원)를 다 회수하지 못해 영업적자 1억 원을 기록하겠지요. 영업이익 창출에 아무런 공헌을 못 한 겁니다.

고정비가 너무 높으면 공헌이익이 고정비를 감당하지 못할 수 있습니다. 고정비가 적당해도 매출이 부진하거나 변동비가 높으면 공헌이익이 작아져 영업이익을 못 낼 수 있습니다. 결국, 매출액, 변동비, 고정비를 적절하게 유지하는 게 중요하다는 이야기입니다.

## [ 공헌이익과 고정비의 관계 ]

| 영업수익 | − | 변동비 | − | 고정비 | = | 영업이익 |

공헌이익

공헌이익 : 고정비를 회수하고 순이익을 증가시키는데
이바지하는 이익

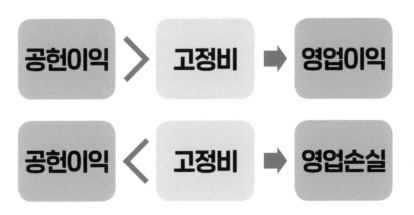

| 공헌이익 | > | 고정비 | → | 영업이익 |

| 공헌이익 | < | 고정비 | → | 영업손실 |

# 도시락을 몇 개 팔아야 이익이 날까?

●●● 도시락 전문점이 있습니다. 도시락 하나의 판매가격은 5000원입니다. 도시락 하나에 들어가는 재료와 포장 등 변동비는 2000원입니다. 그렇다면 도시락 하나에서 얻는 공헌이익은 3000원입니다.

이 도시락 전문점은 임차료와 인건비 등 월 고정비가 600만 원이 들어갑니다. 그렇다면 이 가게가 손익분기점을 맞추려면 도시락을 한 달에 몇 개나 팔아야 할까요?

'월 고정비 600만 원/도시락 하나당 공헌이익 3000원'을 계산해보면 2000개입니다. 월 2000개를 팔면 공헌이익이 600만 원입니다. 여기서 월 고정비 600만 원을 빼면 이익은 '0'이 되어 손익분기점에 도달합니다.

월 판매량이 2000개를 넘어가는 순간부터는 판매되는 도시락 하나당 3000원의 공헌이익이 고스란히 가게의 이익이 됩니다. 도시락을 2000개 팔면 고정비를 다 상쇄하기 때문에, 이후 팔리는 도시락은 고정비 부담이 없습니다. 공헌이익(판매가격-재료비와 포장비)이 그대로 이익으로 잡힌다는 이야기입니다.

그렇다면, 이 가게가 월 300만 원의 이익을 내고 싶으면 한 달에 도시락을 몇 개나 팔아야 할까요?

'월 목표이익 300만 원/도시락 하나당 공헌이익 3000원'을 계산하면 1000개가 됩니다. '손익분기점에 이르는 판매량 2000개+목표이익에 이르는 판매량 1000개=3000개' 즉, 한 달에 3000개를 팔아야 월 300만 원의 이익을 달성할 수 있습니다. 이 가게가 한 달에 20일 영업을 한다고 가정하면 하루에 150개는 팔아야 한다는 이야기입니다.

# [ 꿀맛도시락의 공헌이익과 손익분기점 ]

**판매가격 5000원**

 도시락 개당 공헌이익
**3000원**

**재료비와 포장비(변동비) 2000원**

---

### 도시락 가게
### 임차료와 인건비(월 고정비)
### 600만 원

### 손익분기 달성하는
### 도시락 월 판매량

$$\frac{\text{월 고정비 600만 원}}{\text{도시락 개당}\\ \text{공헌이익 3000원}} = 2000개$$

**손익분기점**

 ✕ **2000개**

---

### 목표이익 월 300만 원

$$\frac{\text{300만 원}}{\text{도시락 개당}\\ \text{공헌이익 3000원}} = 1000개$$

＊월 2000개 판매
고정비 모두 회수, 손익분기 달성

＊추가 1000개 판매
(고정비 부담 없음)
공헌이익 3000원×1000개
= 300만 원은 이익이 됨

**300만 원 이익**

 ✕ **3000개**

# 제조원가보다 납품 단가가 낮은 대량 주문, 수락해야 할까?

●●● 코로나바이러스의 대유행으로 (주)마스크맨은 생산 설비를 증설했습니다. 월 최대 생산 수량을 1만 장으로 늘려놓았으나, 예상과 달리 마스크 수요가 안정화되어 월 생산량이 6000장에 그치고 있습니다. 해외에서 마스크맨에 장당 700원씩 총 5000장의 일회성 주문이 들어왔습니다. 사장은 즉시 회계팀 김 부장과 이 과장을 불러 특별 주문의 수락 여부를 논의했습니다.

김 부장은 사장의 말을 듣자마자 버럭 화를 내며 말했습니다. "정말 날강도 같은 놈들입니다. 저희 마스크 한 장당 제조원가가 1000원입니다. 최대 생산 수량이 1만 장이라서 해외 주문 5000장을 받으면, 장당 1400원에 파는 국내 마스크 생산량을 1000장 줄여야 합니다. 해외 주문은 수락하지 않는 것이 마땅합니다."

그러나 이 과장의 생각은 달랐습니다. "사장님, 마스크 원가 구조를 보면 장당 제조원가 1000원 중 변동비는 400원이고 600원이 고정비입니다. 어차피 장당 고정비는 해외 주문을 받으나 안 받으나 들어가게 되어있습니다. 따라서 5000장을 생산했을 때 (판매가격 700원-변동비 400원)×5000장=150만 원의 이익이 생깁니다. 그런데 1400원에 판매하는 국내 마스크 생산을 1000장 줄여야 하므로 손실이 발생합니다. 손실은 100만 원(1400원-400원×1000장)입니다. 기회비용을 고려해도 회사의 이익이 50만 원 늘어나므로 수락하는 것이 좋을 것 같습니다."

사장은 고개를 끄덕이며 김 부장을 한심하다는 듯 쳐다보았습니다.

# [ 마스크 장당 판매가격과 제조원가 구성 ]

제조원가 : 1000원
· 변동비 : 400원
· 고정비 : 600원

· 판매가격(국내)
1400원

# [ 해외 주문의 손익 계산 ]

장당 700원에
마스크 5000장 주문하겠소.

총
생산능력
1만 장

현재 생산량
6000장

5000장
주문을
수락한다면

해외 주문
5000장

국내 판매
5000장

국내
판매 물량
1000장
포기

▶ 해외 주문의 개당 공헌이익 = 판매가 – 변동비
= 700원 – 400원 = 300원
▶ 해외 주문 수락 시 이익 증가 = 개당 공헌이익 × 수량
= 300원 × 5000개 = 150만 원

▶ 개당 기회비용 (해외 주문을 수락하면 잃는 국내 판매 물량의 개당 공헌이익)
= 국내 판매가격 1400원 – 변동비 400원 = 1000원
▶ 총기회비용 = 개당 공헌이익 × 수량
= 1000원 × 1000개 = 100만 원

총이익증가분 = 150만 원 – 100만 원 = 50만 원

해외 주문을 수락하는 것이 이익!

CHAPTER
03

# 실전 분석!
# 스타트업의
# 사업 구조와
# 손익계산서 독해

# 마켓컬리의 숙제, 변동비가 너무 크다!

●●● 스타트업은 단기간에 이익을 내기 어렵습니다. 성장을 위해 지속해서 투자를 집행해야 하기 때문입니다. 스타트업은 막대한 외부투자를 기반으로 영업 기반을 확충해 해마다 매출이 급증하는 경우가 많습니다. 그러나 매출 성장이 다는 아닙니다. 이와 함께 비용 구조가 개선되어야 손익분기(BEP) 돌파 가능성이 높아집니다.

신선식품 유통사 (주)컬리(브랜드명 마켓컬리)의 2019년 〈손익계산서〉를 보겠습니다. 매출액이 전년 대비 급성장했지요. 매출 증가율이 173%나 됩니다. 그런데 영업비용(매출원가+판관비) 증가율은 이보다 더 높습니다. 그 결과 영업손실이 전년 대비 세 배 수준(193%)으로 증가했습니다. 매출 급증에도 불구하고 손익은 개선되지 않은 모습을 보인 셈이지요.

마켓컬리의 판관비 구조를 한번 뜯어보겠습니다. 신선식품 새벽배송업의 특성상 인건비가 상당기간 마치 변동비처럼 매출 급증과 연동될 수밖에 없습니다. 그런데 포장비(184%)와 지급수수료(430%) 같은 변동비의 증가율 또한 매출액 증가율보다 높은 수준을 보이고 있습니다. 포장비와 지급수수료는 금액도 큽니다. 매출액이 많이 증가한 것은 좋았습니다. 그런데 영업비용 가운데 변동비 비중이 너무 높고, 여러 주요 변동비 항목들이 매출보다 더 높은 증가율로 늘어나다 보니 영업 레버리지 효과가 상쇄되었습니다. 이 회사는 결국 앞으로 변동비를 얼마나 효율적으로 통제할 수 있느냐에 손익 개선 여부가 달려있다고 하겠습니다. 비용 구조를 못 바꾸면 판매가격을 올려야 합니다. 갈수록 치열해지는 경쟁 구도 속에서 가능할까요?

# [ 마켓컬리 손익계산서 ]

(단위 : 억 원)

|  | 2018년 | 2019년 | 전년 대비 증감율(%) |
|---|---|---|---|
| 매출액 | 1571 | 4289 | 173% |
| 매출원가 | 1143 | 3236 | 183% |
| 매출총이익 | 427 | 1053 | 146% |
| 판매비 및 관리비 | 764 | 2039 | 169% |
| 영업손실 | 336 | 986 | 193% |

# [ 마켓컬리 판매비 및 관리비 ]

(단위 : 억 원)

|  | 2018년 | 2019년 |
|---|---|---|
| 판매비 및 관리비 | 764 | 2039 |
| 급여 | 74 | 171 |
| 지급임차료 | 50 | 111 |
| 운반비 | 149 | 144 |
| 포장비 | 177 | 503 |
| 지급수수료 | 96 | 509 |
| 광고선전비 | 148 | 439 |

# 돋보이는 새벽배송업체 오아시스, 유통 방식이 경쟁력?

●●● 마켓컬리의 경쟁기업 (주)오아시스(오아시스마켓)의 〈손익계산서〉를 볼까요. 놀랍게도 영업이익을 내고 있습니다. 오아시스의 2019년 매출원가율은 75%로, 마켓컬리와 거의 같습니다. 오아시스가 영업이익을 낼 수 있는 비결은 결국 판관비가 적기 때문입니다. 오아시스의 판관비율(판관비/매출액)은 24.5%로, 마켓컬리의 47.5%보다 크게 낮습니다.

직원 급여가 69억 원에서 106억 원으로 증가한 것은 물류센터를 대거 확충하면서 인력을 새로 채용했기 때문으로 보입니다. 오아시스 재무제표에서 가장 크게 눈에 띄는 건 6억 원에 불과한 광고선전비입니다. 오아시스의 2019년 매출(1423억 원)은 마켓컬리의 2018년 매출(1571억 원)과 비슷합니다. 따라서 오아시스의 2019년 판관비와 마켓컬리의 2018년 판관비를 비교해 보면 되겠네요. 마켓컬리가 764억 원으로, 오아시스의 348억 원 대비 2.2배에 달합니다. 판관비 내 광고선전비는 148억 원 대 6억 원으로, 마켓컬리가 압도적으로 많습니다. '운반 관련 비용+지급 수수료'는 245억 원 대 88억 원으로, 2.8배 차이가 납니다.

재고 관리 측면에서도 두 회사는 큰 차이점이 있습니다. 오아시스는 온라인에 재고가 부족하면 37개소의 오프라인 매장에서 조달할 수 있어, 오프라인이 제2의 물류센터 역할을 하고 있습니다. 온라인에서 판매하지 못한 재고는 오프라인 매장으로 이동해 판매하기 때문에 온라인 재고폐기율은 사실상 '제로' 수준입니다. 구전 마케팅 효과와 온-오프라인이 연계된 재고 관리의 힘이 이익 창출에 기여하고 있는 것으로 분석됩니다.

## [ (주)오아시스 손익계산서 ]

(단위 : 억 원)

|  | 2018년 | 2019년 |
|---|---|---|
| 매출액 | 1111 | 1423 |
| 　매출원가 | 872 | 1065 |
| 매출총이익 | 239 | 358 |
| 　판매비 및 관리비 | 236 | 348 |
| 영업이익 | 2.8 | 9.6 |

## [ (주)오아시스 판매비 및 관리비 ]

(단위 : 억 원)

|  | 2018년 | 2019년 |
|---|---|---|
| 판매비 및 관리비 | 236 | 348 |
| 　직원급여 | 69 | 106 |
| 　감가상각비 | 7 | 38 |
| 　지급수수료 | 52 | 46 |
| 　광고선전비 | 2 | 6 |
| 　운송보관료 | 10 | 42 |

## [ (주)오아시스 신선식품 유통 방식 ]

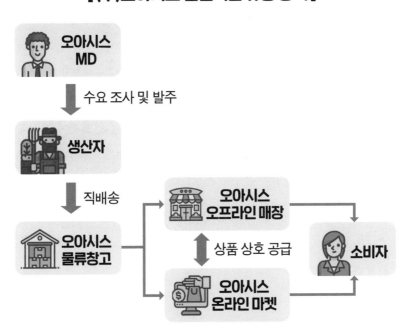

# 쏘카 영업적자의 주범
# 지급수수료,
# 증가세 줄어들까?

●●● 카셰어링의 대표주자 (주)쏘카의 2019년 실적을 볼까요. 쏘카의 영업수익(매출)은 크게 세 가지입니다. 가장 비중이 큰 것은 차를 이용자에게 빌려주고 받는 '렌터카 수익'입니다. '중고차 판매 수익'도 있습니다. 회사가 보유한 오래된 렌터카를 시장에서 매각할 때 발생합니다. 나머지 '기타 매출'이 조금 있군요.

쏘카는 재무제표를 처음 공시한 2013년 이래 계속 영업손실을 내고 있습니다. 2019년에도 영업비용(3283억 원)이 영업수익(2567억 원)보다 더 크면서도 전년 대비 증가율까지 더 높다 보니(영업비용 71% 증가, 영업수익 61% 증가), 영업손실은 전년보다 116%나 늘어났습니다.

영업비용의 일부 내역을 한번 보겠습니다. 차량유지비, 지급수수료 비중이 아주 높습니다. 특히 지급수수료는 전년 대비 5.5배나 늘어난 917억 원을 기록해 영업적자에 가장 큰 영향을 미쳤네요. 사업 구조상 감가상각비나 광고선전비가 많이 발생하는 구조입니다. 차량 유지비의 대부분은 회사가 차량에 채워 넣는 기름값일 것 같습니다. 감가상각비는 보유 차량이 증가하면서 같이 늘어난 것으로 분석됩니다. 유지비, 수수료 등 변동비 비중이 높기 때문에 영업 레버리지 효과가 약합니다. 역시 변동비를 효율적으로 통제하지 않으면 손익 개선이 쉽지 않을 것 같습니다.

# [ (주)쏘카 손익계산서 ]

(단위 : 억 원)

| 구분 | 2018년 | 2019년 |
|---|---|---|
| 영업수익 합계 | 1594 | 2567 |
| 렌터카 수익 | 1371 | 2345 |
| 중고차 판매 수익 | 122 | 144 |
| 기타 매출 | 101 | 78 |

# [ (주)쏘카 영업손익 ]

(단위 : 억 원)

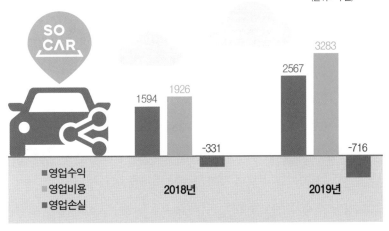

# [ (주)쏘카 영업비용 구성 ]

(단위 : 억 원)

| 구분 | 2018년 | 2019년 |
|---|---|---|
| 영업비용 합계 | 1926 | 3283 |
| 급여 | 137 | 154 |
| 광고선전비 | 67 | 107 |
| 차량유지비 | 802 | 1127 |
| 중고차 판매원가 | 120 | 133 |
| 보험료 | 164 | 203 |
| 지급수수료 | 167 | 917 |
| 감가상각비 | 302 | 425 |

# 매출 정체 직방,
# 4년 만에 적자에도
# 연구개발투자는 GO~

●●● 부동산 중개앱 1위인 (주)직방의 2019년 〈손익계산서〉에서 영업손익을 살펴볼까요. 2019년에 영업적자가 났습니다. 재무제표를 처음 공시한 2016년부터 2018년까지 3년간 흑자 기조를 유지했는데, 4년 만에 적자를 냈습니다.

직방의 매출은 부동산 중개사들에게서 나옵니다. 부동산 매물(원룸, 아파트, 빌라, 오피스텔 등) 광고료 수익(서비스 매출)이 매출의 대부분입니다.

영업비용 내역을 보면 광고선전비와 연구개발비 비중이 높습니다. 매출은 제자리걸음을 했는데 급여와 광고비 등이 증가해 적자를 내고 말았네요.

회사 측은 직방 애플리케이션(앱) 누적 다운로드 건수가 2018년 2400만 건에서 2019년 2800만 건으로 400만 건이 늘었다고 밝혔습니다. 앱 이용자 증가와 함께 직방 회원으로 가입한 중개사무소도 늘었다고 합니다. 2019년 말 기준으로 회원 중개사무소는 전년 대비 60% 늘어난 4만 곳을 기록했습니다. 그런데 왜 실적은 나빠졌을까요?

허위 매물을 올리는 등 서비스 품질을 훼손한 중개사들을 대거 퇴출하면서 광고료 수익이 둔화되었다는 것이 회사 측 설명입니다.

직방의 연구개발비는 2016~2019년까지 판관비 내에서 13~15% 비중을 유지하고 있습니다. 이 와중에 급여가 대폭 증가한 것으로 보아 고품질 서비스를 위한 인력 확충이 있었을 것으로 추정됩니다.

# [ (주)직방 영업비용 구성 ]

(단위 : 억 원)

| 구분 | 2018년 | 2019년 |
|---|---|---|
| 영업비용 합계 | 401 | 456 |
| 급여 | 55 | 80 |
| 지급임차료 | 11 | 12 |
| 경상연구개발비 | 61 | 63 |
| 광고선전비 | 224 | 240 |

# [ (주)직방 손익계산서 ]

(단위 : 억 원)

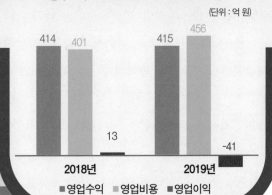

| | 2018년 | 2019년 |
|---|---|---|
| 영업수익 | 414 | 415 |
| 영업비용 | 401 | 456 |
| 영업이익 | 13 | -41 |

■영업수익 ■영업비용 ■영업이익

# SNS 약발 약해지나?
# 블랭크코퍼 뜻밖의 영업적자

●●● (주)블랭크코퍼레이션(이하 블랭크)은 마약베개와 퓨어썸샤워기 등으로 유명한 미디어커머스 기업입니다. 아이디어 상품을 기획·개발해 직접 생산까지 합니다. 페이스북이나 인스타그램 등 이른바 SNS를 통한 제품 홍보와 마케팅에 주력하는 비즈니스 구조입니다.

블랭크의 2019년 〈연결손익계산서〉를 보겠습니다. 2018년까지는 일반회계기준(K-GAAP)에 따라 재무제표를 작성했습니다. 2019년부터는 한국채택국제회계기준(K-IFRS)을 적용했다고 밝혔습니다. K-IFRS는 상장기업, 상장하려는 기업, 일부 요건에 맞는 비상장 기업에 적용됩니다. 나머지 비상장 기업들은 대부분 K-GAAP를 적용하고 있습니다. 회사가 K-IFRS로 전환한 것은 상장을 염두에 두고 있기 때문으로 보입니다.

블랭크는 2018년 134억 원 영업이익을 냈지만, 2019년에는 약 90억 원 영업적자로 돌아섰습니다. 영업비용이 증가했기 때문이라는 걸 한눈에 알 수 있습니다. 매출은 53억 원(4.2%) 증가했습니다. 이에 비해 매출원가는 70억 원(16.9%)이나 증가했습니다. 매출원가율이 32.9%에서 36.9%로 상승했습니다. 90억 원의 영업적자가 발생한데는 매출원가보다 판관비 영향이 더 컸습니다. 판관비가 206억 원이나 늘어나 28.9%의 증가율을 보였습니다. 판관비율(판관비/매출액)이 70%를 기록, 전년 56.5%보다 대폭 높아졌습니다.

# [ (주)블랭크코퍼레이션 연결손익계산서 ]

(단위 : 억 원)

| 구분 | 2018년 | 2019년 |
|---|---|---|
| 매출액 | 1262 | 1315 |
| 매출원가 | 415 | 485 |
| 매출총이익 | 847 | 830 |
| 판매비와 관리비 | 713 | 919 |
| 영업이익(손실) | 134 | (90) |

# 상환전환우선주는
# 죄가 없다!

●●● 블랭크코퍼레이션의 판매비와 관리비(판관비) 내역을 한번 뜯어볼까요. 판관비 내역은 재무제표 주석에서 볼 수 있습니다.

광고선전비가 전체 판관비 중 43%의 비중을 차지합니다. 지급수수료와 운반비 합계가 30%입니다. 이 세 가지 항목이 판관비의 73%를 차지하는 셈입니다.

광고비는 매출이 증가한다고 해서 항상 같이 증가하는 것은 아니므로 변동비라고 할 수 없습니다. 그러나 광고비 집행을 늘리고 줄이는데 따라 매출 증감이 크게 영향을 받는다면 사실상 변동비적 성격을 가지고 있다고 볼 수도 있습니다.

영업적자가 난 주요 원인은 급여가 58억 원(77억 원→135억 원), 지급수수료가 60억 원(90억 원→150억 원) 증가한 영향입니다.

재무제표 주석에서 '비용의 성격별 분류'를 보면 총급여(매출원가 반영분과 판관비 반영분의 합)가 나와 있습니다. 총급여가 전년보다 70억 원 증가(89억 원→159억 원)했습니다.

# (주)블랭크코퍼레이션 재무제표 주석

## [ 판매비 및 관리비 ]

(단위 : 억 원)

| 구분 | 2018년 | 2019년 |
|---|---|---|
| 급여 | 77 | 135 |
| 광고선전비 | 386 | 396 |
| 운반비 | 98 | 106 |
| 지급수수료 | 90 | 150 |
| 주식보상비용 | 15 | 33 |
| 합계 | 713 | 919 |

## [ 비용의 성격별 분류 ]

(단위 : 억 원)

| 구분 | 2018년 | 2019년 |
|---|---|---|
| 재고자산 매입액 | 456 | 558 |
| 종업원 급여 | 89 | 159 |
| 주식보상비용 | 15 | 33 |
| 지급수수료 | 90 | 150 |
| 합계 | 1128 | 1404 |

일부 매체에서 블랭크의 2019년 실적에 대해 이렇게 보도했습니다.
"2019년에 K-IFRS 적용으로 첫 영업손실을 기록했다. 상환전환우선주(RCPS)*
가 자본에서 부채로 바뀌었고, 이에 따른 평가손실을 손익에 반영한 결과다.
실제 현금 유출은 없는 회계적 처리일 뿐이고 일회성 비용이다."
매체의 분석은 완전히 틀렸습니다! 상환전환우선주는 아무런 죄가 없습니
다. 영업적자는 영업비용이 증가했기 때문에 발생한 겁니다. 상환전환우선주
에서 평가손실이 나지도 않았고, 설령 평가손실이 있었다 해도 이것은 영업
비용이 아니므로 영업이익에 영향을 주지 않습니다.

---

*상환전환우선주(RCPS : Redeemable Convertible Preference Shares)
  사전에 약속한 기간이 되면 발행 회사로부터 상환을 받거나 발행 회사의 보통주로 전환할 수 있는
  권리가 붙은 우선주다. 상환전환우선주는 우선 배당을 받을 수 있을 뿐 아니라, 발행회사 주가가 오
  르거나 발행회사가 상장할 경우 보통주로 전환해 시세 차익까지 노릴 수 있다는 점에서 매력적인 투
  자 대상으로 인식되고 있다. 상환전환우선주는 일반기업회계기준(K-GAAP)에서는 자본으로 분류하
  지만, 한국채택국제회계기준(K-IFRS)에서는 상환 조건에 따라 부채로 분류할 수도 있다.

# [ 상환전환우선주(RCPS) ]

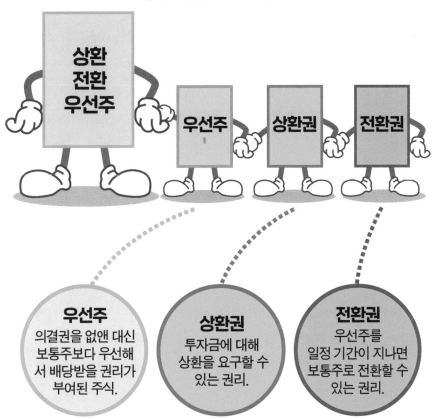

**상환<br>전환<br>우선주**

**우선주**

**상환권**

**전환권**

**우선주**
의결권을 없앤 대신 보통주보다 우선해서 배당받을 권리가 부여된 주식.

**상환권**
투자금에 대해 상환을 요구할 수 있는 권리.

**전환권**
우선주를 일정 기간이 지나면 보통주로 전환할 수 있는 권리.

# '잠자리 전쟁'의 승자 야놀자, 매출 비중 1위는 무엇일까?

●●● (주)야놀자는 국내 1위 숙박업소 중개 애플리케이션(앱)입니다. 2위 사업자인 '여기어때'(법인명 위드이노베이션)보다 매출이 2.4배 가량(2019년 기준) 많습니다. (주)야놀자는 중개앱을 통해 숙박업소에서 매출이 발생하면 업소로부터 수수료를 받습니다. 광고료도 받는데요. 숙박업소 간 경쟁이 워낙 치열해서 이 앱에 광고를 싣지 않을 수 없는 게 현실입니다. 야놀자는 호텔을 직접 보유·경영하고 있으며 국내 최다 프랜차이즈 호텔 운영사이기도 합니다. 자회사 야놀자에프앤지는 7개 브랜드에 걸쳐 200개 이상의 호텔 체인을 운영하고 있습니다. 역시 자회사 야놀자씨앤디를 통해 숙박업소 신축 시공과 리모델링 사업도 키워나가고 있지요.

2019년 연결손익계산서(K-GAAP)를 보면 영업수익(매출)이 전년(1213억 원) 대비 두 배(102%) 증가한 2450억 원입니다. 영업비용은 전년 1380억 원에서 85% 증가한 2550억 원입니다. 2018년과 2019년 모두 영업수익보다 영업비용이 더 많아 손실을 냈습니다. 하지만 비용 증가율보다 수익 증가율이 더 커 영업손실은 대폭 줄었습니다(영업적자 167억 원→100억 원). 앞에서 본 쏘카와는 반대입니다. 쏘카는 수익보다 비용 금액이 더 크고, 증가율도 더 높아 영업손실이 확대된 사례입니다.

2019년 야놀자의 영업수익 가운데 가장 비중이 큰 것은 판매수수료입니다. 703억 원으로, 28.7%를 차지했습니다. 그다음이 광고료(519억 원, 21.2%)네요. 2018년에는 광고료 비중이 가장 높았는데 판매수수료가 급증하면서 역전되었군요.

# [ (주)야놀자 사업 구조 ]

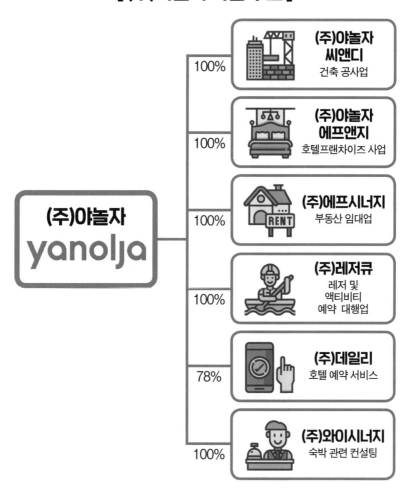

**(주)야놀자** yanolja

- 100% **(주)야놀자 씨앤디** 건축 공사업
- 100% **(주)야놀자 에프앤지** 호텔프랜차이즈 사업
- 100% **(주)에프시너지** 부동산 임대업
- 100% **(주)레저큐** 레저 및 액티비티 예약 대행업
- 78% **(주)데일리** 호텔 예약 서비스
- 100% **(주)와이시너지** 숙박 관련 컨설팅

# [ (주)야놀자 연결손익계산서 ]

(단위 : 억 원)

| 구분 | 2018년 | 2019년 |
|------|--------|--------|
| 영업수익 | 1213 | 2450 |
| 영업비용 | 1380 | 2550 |
| 영업손실 | 167 | 100 |

# 마이룸(무한쿠폰룸) 사업이 광고매출로 잡히는 이유

●●● 야놀자 영업수익(매출) 종류와 비중 변화를 구체적으로 살펴보겠습니다. '객실판매수입'은 주로 특급 호텔 객실을 선매입해 수요자에게 재판매하는 것입니다. 판매가 안 되면 비용을 야놀자가 다 떠안는데요. 객실판매수입은 2018년 110억 원에서 2019년 304억 원으로 2.8배가량 증가했습니다. '숙박수입'은 프랜차이즈 호텔로부터 받은 브랜드 사용료로 보면 됩니다.

좀 특이한 사업으로 '마이룸(무한쿠폰룸) 서비스'라는 것이 있습니다. 숙박업소로부터 객실 일부를 위탁받아 관리하면서 판매하는 사업입니다. 숙박업소에는 이용자가 결제한 숙박료 대신 야놀자에 광고할 수 있는 쿠폰을 줍니다. 숙박료는 야놀자가 갖지요. 숙박업소가 쿠폰을 사용해 야놀자에 광고할 때마다 광고매출로 반영하는 것으로 보입니다. 야놀자가 취득하는 마이룸 숙박료는 말하자면 광고 서비스 제공 대가로 미리 받은 선수금 같은 것입니다. 마이룸 이용자에게는 재방문 시 숙박료를 50% 할인받을 수 있는 쿠폰을 무한 발급해 줍니다. 예를 들어 정가 5만 원 객실을 50% 할인해 주어도 야놀자는 5만 원에 해당하는 광고 쿠폰을 숙박업소에 제공하는 것으로 알려져 있습니다.

이 밖에 '도급매출'과 '상품매출' 급증도 눈에 띕니다. 도급매출은 숙박업소 신축 및 리모델링 사업을 하는 자회사 ㈜야놀자씨앤디에서 발생하는 매출입니다. 야놀자가 작성하는 〈연결손익계산서〉상의 매출에 이 도급매출액이 대부분 포함됩니다. 299억 원에서 492억 원까지 증가했네요. '상품판매'는 숙박 용품 공급을 말합니다. 2019년에 무려 여섯 배 가까이 증가(38억 원→ 227억 원)한 것으로 나타났습니다.

# (주)야놀자 '마이룸' 서비스 구조

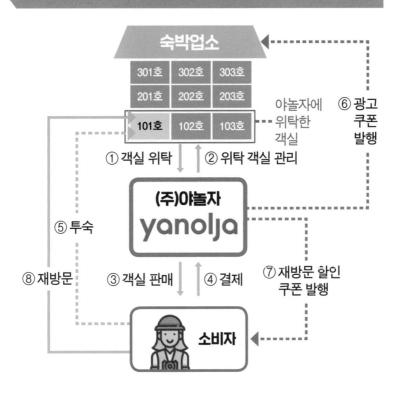

숙박업소

| 301호 | 302호 | 303호 |
| 201호 | 202호 | 203호 |
| 101호 | 102호 | 103호 |

야놀자에 위탁한 객실

① 객실 위탁   ② 위탁 객실 관리

⑥ 광고 쿠폰 발행

**(주)야놀자**
yanolja

⑤ 투숙

⑧ 재방문   ③ 객실 판매   ④ 결제

⑦ 재방문 할인 쿠폰 발행

소비자

# (주)야놀자 주요 영업수익 내역과 비중 변화

## [ 영업수익 내역과 추이 ]

(단위 : 억 원)

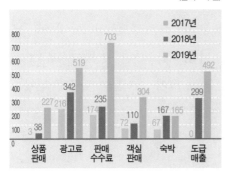

- 2017년
- 2018년
- 2019년

| | 상품판매 | 광고료 | 판매수수료 | 객실판매 | 숙박 | 도급매출 |
|---|---|---|---|---|---|---|
| 2017년 | 3 | 227 | 174 | 72 | 67 | 0 |
| 2018년 | 38 | 342 | 235 | 110 | 167 | 299 |
| 2019년 | 216 | 519 | 703 | 304 | 165 | 492 |

## [ 영업수익 비중 변화 ]

(단위 : %)

| 구분 | 2018년 | 2019년 |
|---|---|---|
| 광고료 | 28.2 | 21.2 |
| 판매수수료 | 19.4 | 28.7 |
| 도급매출 | 24.6 | 20 |
| 객실판매 | 11.0 | 12 |
| 숙박수입 | 9.1 | 6.7 |
| 상품판매 | 3.1 | 9.3 |

# 부쩍 커진
# 야놀자 숙박 용품 사업,
# 아직 적자인 이유

●●● (주)야놀자의 영업비용 구조는 자회사 실적을 합친 〈연결손익계산서〉 기준입니다. 전체 영업비용은 2550억 원입니다. 숙박업소 신축이나 리모델링에 직접 투입되는 공사원가(도급공사비)를 제외하면, 광고선전비(439억 원)가 금액이 가장 큽니다. 다음으로 지급수수료(368억 원), 상품판매비(313억 원), 급여(312억 원) 순입니다. 지급수수료와 상품판매비는 변동비라 매출 급증에 연동해 많이 증가했습니다. 급여가 대폭 증가한 것은 인력 채용이 늘었기 때문으로 보입니다.

상품판매비(313억 원)가 상품판매수입(227억 원)보다 더 큽니다. 숙박 용품 프로모션 이벤트를 진행해 할인가에 공급했을 것으로 추정됩니다. 또한 상품판매비에는 상품 매입가격 외에 판매에 수반되는 여러 가지 부대 비용이 전부 포함된 것으로 보입니다.

연구개발 지출이 많이 증가(54억 원→169억 원)한 것도 눈에 띄네요. 도급공사의 경우 도급매출(492억 원)이 도급공사비(453억 원)보다 커 영업이익에 기여하고 있기는 하지만, 원가율이 92%로 높은 편입니다.

한편, 영업비용 가운데 가장 높은 비중을 차지하는 광고선전비를 볼까요. 매출 대비 비중이 낮아지고 있는 추세입니다. 최근 4년간 추이(개별재무제표 기준)를 보면 2016년 37%에서 2017년 52%로 크게 증가했습니다. 2018년에는 47%로 다소 낮아졌지만 여전히 50%에 육박했는데, 2019년에는 27%로 뚝 떨어졌습니다.

# [ (주)야놀자 연결손익계산서 영업비용 내역 ]

(단위 : 억 원)

| 구분 | 2018년 | 2019년 |
|---|---|---|
| 광고선전비 | 346 | 439 |
| 지급수수료 | 198 | 368 |
| 급여 | 178 | 312 |
| 상품판매비 | 46 | 313 |
| 도급공사비 | 259 | 453 |
| 연구개발비 | 54 | 169 |
| 합계 | 1380 | 2550 |

# [ (주)야놀자 매출 대비 광고비 비중 ]

＊개별손익계산서 기준

(단위 : %)

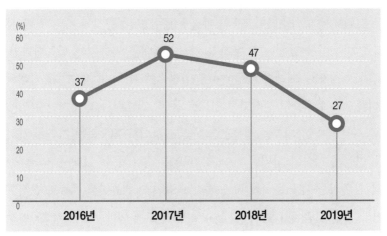

# 학원 강의매출과
# 교재판매매출 차이 이해하기

●●● (주)메가스터디교육은 온라인 및 오프라인(학원) 교육사업을 하는 업체입니다. 메가스터디교육의 주된 영업수익은 강의매출(서비스 수익)입니다. 2019년 연결손익을 봅시다. 매출액(4373억 원)은 강의 수익(3362억 원, 77%)과 도서 판매 수익(680억 원, 15%)이 거의 다입니다. 도서는 강의 교재로 보면 됩니다.

사업의 성격상 매출원가율은 낮을 것으로 추정할 수 있습니다. 강의매출에 대해서는 강사료가, 교재매출에 대해서는 교재 제작비가 매출원가로 적용될 것입니다. 실제로 계산해보니 매출원가율(매출원가/매출액)은 43%대로 낮습니다. 그런데 판관비율(판관비/매출액)이 역시 43%대로 높은 편이다 보니 영업이익률이 아주 높은 편은 아닙니다. 13%대에 걸쳐 있지요.

오른쪽 그림에서 메가스터디교육의 매출을 종류별로, 동시에 수익 인식 시기별로도 나누어 놓았습니다. 우리가 가습기 1대를 거래처에 납품한다면, 한 시점(납품 시점)에 거래를 이행(매출 발생)한 것이 됩니다. 가습기를 거래처에 넘겨줌으로써 매출이 인식되는 것으로 볼 수 있으니까요. 하지만 강의매출은 좀 다르지요. 강의료는 선불로 받아놓고 강의를 제공하는 기간에 걸쳐 매출을 인식해 나가야 합니다(44~45쪽 강의매출 인식 참고). 그래서 강의매출 3361억 원은 모두 강의를 제공하는 기간에 걸쳐 이행하면서 매출로 반영한 금액이라는 걸 그림에서 알 수 있습니다. 반면 교재 판매는 어떤가요? 이것은 판매한 그 시점, 즉 한 시점에 매출이 발생하는 겁니다.

# (주)메가스터디교육 영업손익(연결기준)과 영업수익 내역

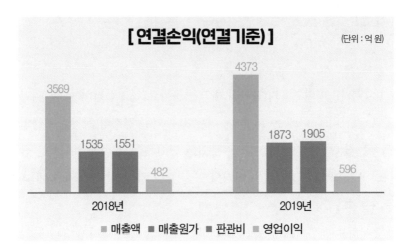

## [ 연결손익(연결기준) ]

(단위 : 억 원)

**2018년**
- 매출액: 3569
- 매출원가: 1535
- 판관비: 1551
- 영업이익: 482

**2019년**
- 매출액: 4373
- 매출원가: 1873
- 판관비: 1905
- 영업이익: 596

■ 매출액  ■ 매출원가  ■ 판관비  ■ 영업이익

## [ 영업수익 내역 ]

(단위 : 억 원)

| 구분 | | 2018년 | 2019년 |
|---|---|---|---|
| | 강의매출 | 2739 | 3362 |
| | 도서판매매출 | 597 | 680 |
| | 기타 매출 | 209 | 329 |

## [ 수익 인식 시기 ]

(단위 : 억 원)

| | 강의 매출 | 도서판매 매출 | 기타 매출 |
|---|---|---|---|
| 한 시점에 이행 | – | 680 | 329 |
| 기간에 걸쳐 이행 | 3362 | – | – |

# 전직원 급여보다 훨씬 큰
# 일타강사 강의료, 얼마일까?

●●● (주)메가스터디교육의 판관비 내역을 볼까요. 광고선전비(307억 원)가 꽤 많군요. 판관비 내 비중은 16.1%에 이릅니다. 학원 경쟁이 치열한 모양입니다. 급여는 540억 원입니다. 이것은 종업원 급여 중 판관비에 해당하는 금액만 나타낸 것입니다. 강사료는 어디에 있을까요? 강사료는 강의매출에 대응하는 매출원가입니다.

기업이 공시하는 재무제표에 매출원가의 세부 내역은 표시되지 않습니다. 그러나 주석에서 '비용의 성격별 분류'를 찾아보면 일부 내용을 파악할 수 있습니다. 비용의 성격별 분류에는 매출원가와 판관비가 다 모여 있습니다. 강사료 비용은 943억 원으로 기재되어 있습니다. 일타강사가 많은 학원답게 전체 종업원 급여 752억 원보다 강사료 지출이 더 많습니다. 해마다 매출액 증가율이 강사료 증가율보다 높기는 하지만, 상당 부분 연동해서 움직인다는 것을 알 수 있습니다. 2016년부터 2019년까지 매출액이 4.4%, 41%, 22% 증가할 때 강사료는 4.8%, 32%, 17% 증가했습니다. 매출액 대비 강사료 비중은 해마다 20~25% 사이인데요. 2017년 이후 조금씩 떨어지는 추세입니다 (24.2%→22.5%→21.6%).

한편 판관비에 나타난 종업원 급여(540억 원)보다 비용의 성격별 분류에 나타난 종업원 급여(752억 원)가 금액이 더 큽니다. 비용의 성격별 분류에 있는 종업원 급여는 매출원가로 분류된 것과 판관비로 분류된 것을 다 합쳐놓은 것이기 때문입니다. 재고자산 매입이 553억 원인데요. 강의 교재 매입이라고 보면 되겠습니다.

# [ (주)메가스터디 급여 분류 ]

강사료 → 매출원가

상담원 급여 → 판매비 및 관리비

## [ (주)메가스터디교육 판매비 및 관리비 내역 ]

(단위 : 억 원)

| 구분 | 2019년 |
|---|---|
| 종업원 급여 | 540 |
| 광고선전비 | 307 |
| 지급수수료 | 210 |
| 합계 | 1905 |

## [ (주)메가스터디교육 비용의 성격별 분류 ]

(단위 : 억 원)

| 구분 | 2019년 |
|---|---|
| 재고자산 매입 | 553 |
| 강사료 | 943 |
| 종업원 급여 | 752 |
| 광고선전비 | 307 |
| 지급수수료 | 216 |
| 감가상각비 및 무형자산상각비 | 420 |
| 합계(매출원가+판관비) | 3777 |

CHAPTER
04

자산의
가치 변화가
손익에
미치는 영향

# 백종원 고구마 구매한 이마트의 손익거래와 비손익거래

●●● 〈손익계산서〉에서 영업이익을 구하는 단계까지 살펴봤습니다. 당기 순이익을 구하는 단계로 넘어가기 전에 〈재무상태표〉에 담긴 자산, 부채에 관한 기초를 다져보겠습니다. 자산 및 부채의 개념을 이해하고, 이들이 손익 계산과 어떻게 연동되는지를 이해하는 것이 이번 장의 목표입니다. '자산'은 재산이라는 말과 비슷하지만, 상당히 다른 부분도 있습니다. 이 점은 뒤에서 자세히 다루겠습니다(118~119쪽 참조).

㈜더본코리아 백종원 대표가 한 TV 프로그램에서 고구마 농가의 딱한 사 정을 듣고 신세계 정용진 부회장에게 도움을 청하는 장면을 봤습니다. 이후 이마트가 고구마 300톤 정도를 구매한 것으로 알려졌습니다. 이마트가 현금 10억 원을 주고 고구마를 구매했다고 합시다. 직원들이 쪄먹으려 고구마를 산 게 아니지요. 판매용으로 매입했기 때문에 고구마는 이마트의 '상품'이 됩니다. 이마트 현금자산이 10억 원 감소하고, 재고자산이 10억 원 증가합니다. 이 과정에서 자산의 종류만 바뀌었을 뿐(현금→고구마) 자산총액에 변함이 없고 손익도 발생하지 않았습니다. 이런 거래를 '비손익거래'라고 합니다.

이마트가 고구마를 12억 원에 현금 판매하면 어떻게 될까요? 재고자산 10억 원이 감소하고 현금자산 12억 원이 증가합니다. 이 거래로 2억 원의 자산 순 증가가 일어났습니다. 손익을 계산해보면 '매출액 12억 원-매출원가 10억 원 =매출이익 2억 원'이 됩니다. 자산 순증가 금액하고 이익이 같습니다. 여기서 우리는 자산 순증가(〈재무상태표〉의 변화)가 이익 발생(〈손익계산서〉의 변화)과 연동된다는 것을 알게 되었습니다.

# 비손익거래와 손익거래

## [ 비손익거래 ]

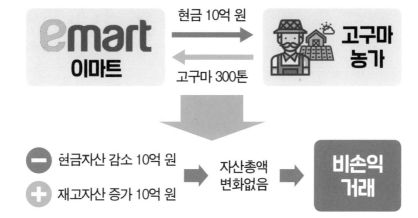

## [ 손익거래 ]

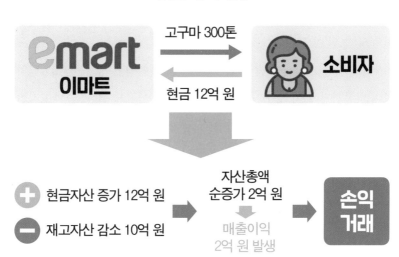

# 자산의 증감과 손익은
# 어떻게 연결될까?

●●● 유통업체 (주)판매왕이 정수기 제조업체 (주)워터짱에게 현금 100만
원을 주고 정수기 10대를 매입했습니다. 판매왕은 현금자산 100만 원이 감소
하고 대신 100만 원어치 정수기가 생겼습니다.

정수기를 판매 목적으로 매입했으니, 재고자산(판매 대기 중인 상품이나 제품)이
됩니다. 자산 100만 원 감소(현금)와 100만 원 증가(재고)가 동시에 일어났기
때문에 판매왕의 자산총액에는 변화가 없습니다.

이 정수기를 (주)달봉전자에 현금 150만 원을 받고 팔았습니다. 판매왕의 자
산 변화를 체크해 봅시다. 재고자산이 100만 원 감소하고 현금자산이 150만
원 생겼습니다. 자산이 50만 원 순증가했습니다.

이 단계까지의 거래를 〈손익계산서〉로 만들면 이렇게 되겠지요. '수익-비용
=이익'에 입각해, '매출액 150만 원-매출원가(정수기 재고자산 가격) 100만 원=
매출이익 50만 원'이 됩니다.

아하! 거래의 결과로 자산이 순증가하면 그만큼의 이익이 생기는군요! 만약
판매왕이 달봉전자에 이 정수기를 80만 원에 팔면 어떻게 될까요? 재고자산
100만 원이 감소하고 현금자산 80만 원이 증가합니다. 자산이 20만 원 순감
소했습니다. 손익을 계산해보면 '매출액 80만 원-매출원가 100만 원=매출손
실 20만 원'이 됩니다. 자산 순감소는 결국 손실로 연결됩니다. 〈재무상태표〉
에서 자산 순증가 또는 순감소가 〈손익계산서〉의 이익 또는 손실과 연결된다
는 걸 잘 기억합시다.

# [ 판매왕의 재무상태표와 손익계산서 변화 ]

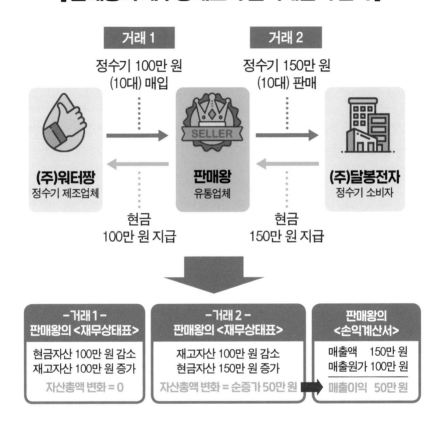

## 거래 1
정수기 100만 원
(10대) 매입

## 거래 2
정수기 150만 원
(10대) 판매

**(주)워터짱**
정수기 제조업체

**판매왕**
유통업체

**(주)달봉전자**
정수기 소비자

현금
100만 원 지급

현금
150만 원 지급

| - 거래 1 -<br>판매왕의 <재무상태표> | - 거래 2 -<br>판매왕의 <재무상태표> | 판매왕의<br><손익계산서> |
|---|---|---|
| 현금자산 100만 원 감소<br>재고자산 100만 원 증가<br>자산총액 변화 = 0 | 재고자산 100만 원 감소<br>현금자산 150만 원 증가<br>자산총액 변화 = 순증가 50만 원 | 매출액    150만 원<br>매출원가 100만 원<br>매출이익  50만 원 |

# [ 자산의 증감과 손익의 관계 ]

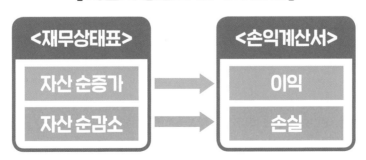

<재무상태표>
자산 순증가
자산 순감소

<손익계산서>
이익
손실

# 환율이 하락하면
# 수출매출채권에서 발생하는
# 손익은 어떻게 될까?

●●● 기업은 어떤 자산의 가치가 떨어진 것으로 확인되면 장부가격을 하향 조정해야 합니다. 그렇다면 매일매일 자산 가치를 측정해야 할까요? 그렇게 할 수도 없고 할 필요도 없습니다. 결산 시점에 측정하면 됩니다. 상장회사는 1년에 네 차례 결산합니다. 12월 말 연간결산을 하는 법인의 경우 매년 3월 말을 기준으로 결산해 1분기 사업보고서를 공시합니다. 여기에 분기 재무제표가 담겨있지요. 그다음에는 6월 말 기준으로 반기보고서, 9월 말 기준으로 3분기 보고서, 12월 말 기준으로 연간사업보고서를 내놓습니다. 외부감사 대상인 비상장회사는 1년에 한 번 결산해 공시합니다.

㈜다섯어가 손소독제 1개를 1달러에 외상수출했습니다(환율 1달러 1500원). 외상판매했으니 '매출채권'이라는 자산이 생깁니다. 장부가격은 수출 시점의 환율에 맞춰 1500원으로 기록해 둡니다.

결산 시점에 환율이 떨어져 1달러가 1000원이 되었습니다. 매출채권의 가치가 1000원으로 감소한 거지요. 〈재무상태표〉에서 장부가격을 1000원으로 수정합니다. 앉아서 500원의 손실을 본 셈이 되었습니다. 이것을 외화평가손실(또는 외화환산손실)이라고 합니다. 외화평가손실은 〈손익계산서〉에 '영업 외비용'으로 반영됩니다. 손익을 계산하면 비용 500원이 발생해 이익이 500원 줄어드는 효과가 발생하겠지요.

자산 가치가 하락하고 이에 따라 장부가격을 하향 조정하면 그만큼 자산 순감소가 일어난 게 됩니다. 감소 금액을 비용으로 처리하면 결국 이익은 줄어듭니다.

# [ (주)다씻어 자산 가치 하향 조정 과정 ]

| 거래일 |  환율 1500원 |
|---|---|

 (주)다씻어

손소독제 1개
(1달러) 수출

매출채권
1500원

 해외
수입업자

| 결산일 |  환율 1000원 |
|---|---|

| (주)다씻어<br><재무상태표> | (주)다씻어<br><손익계산서> |
|---|---|
| 매출채권 1500원 ➡ 1000원<br>(장부가격 500원 감소) | 외화환산손실 ➡ 500원<br>(영업외비용) |

자산 순감소 ➡ 비용 발생 ➡ 이익 감소

# 수출매출채권 보유 시점과 결제 시점에서 손익은 어떻게 반영할까?

●●● 반대로 자산 가치가 올라 장부가격을 상향 조정하는 사례를 봅시다.

(주)맨발로는 운동화 한 켤레를 1달러에 외상수출했습니다(환율 1500원). 결산 시점에 환율이 1800원으로 올랐습니다. 결산재무제표에서 매출채권 장부가격은 1500원에서 1800원으로 수정됩니다.

환율 변화 때문에 앉아서 300원의 이익을 본 셈이 되었습니다. 이것을 외화평가이익(또는 외화환산이익)이라고 합니다. 외화평가이익은 〈손익계산서〉에 '영업외수익'으로 반영합니다.

손익을 계산하면 수익 300원 발생으로 이익이 300원 증가하는 효과가 생깁니다. 자산 가치가 상승하고 이에 따라 장부가격을 상향 조정하는 것은 자산 순증가가 일어난 게 됩니다. 증가 금액을 수익으로 처리하면 그만큼 이익은 증가합니다.

# [ (주)맨발로 자산 가치 상향 조정 과정 ]

| 거래일 |  환율 1500원 |

 (주)맨발로

운동화 1켤레
(1달러) 수출
→
매출채권
1500원

 해외
수입업자

| 결산일 |  환율 1800원 |

| (주)맨발로<br><재무상태표> | (주)맨발로<br><손익계산서> |
| --- | --- |
| 매출채권 1500원 ➡ 1800원<br>(장부가격 300원 증가) | 외화환산이익 ➡ 300원<br>(영업외수익) |

자산 순증가 ➡ 수익 증가 ➡ 이익 증가

앞서 손소독제 1개를 1달러에 외상수출했던 ㈜다씻어는 결산 시점에 환율이 하락해(1달러 1500원→1000원) 장부가격을 하향 조정한 바 있습니다. 이후 외상수출했던 손소독제 1개의 매출채권이 결제되었습니다. 결제일 환율은 1200원입니다. 1000원짜리 매출채권이 1200원으로 회수된 셈입니다.

다씻어는 〈재무상태표〉에서 매출채권 1000원을 삭제하고 대신 현금 1200원을 기록합니다. 차액 200원은 이제 평가액이 아니라 실현된 것입니다. 그래서 이것을 외환차익(줄여서 환차익)이라고 합니다. 외환차익은 '영업외수익'으로 반영합니다.

운동화 한 켤레를 1달러에 외상수출했던 ㈜맨발로는 결산 시점에 환율이 올라(1달러 1500원→1800원) 장부가격을 상향 조정했었지요. 이후 ㈜맨발로에도 운동화 대금이 결제되었습니다. 결제일 환율은 1700원입니다.

맨발로 〈재무상태표〉에서 1800원짜리 매출채권이 없어지고 현금 1700원이 생긴 셈입니다. 차액 100원은 외환차손(환손실)이라고 해, '영업외비용'으로 반영합니다.

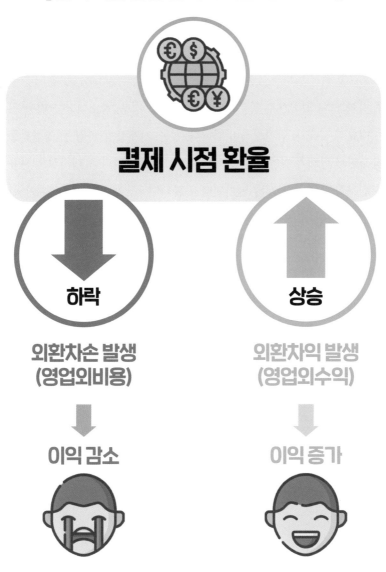

[ 결제 시점 환율 변화에 따른 손익 계산 ]

결제 시점 환율

하락

상승

외환차손 발생
(영업외비용)

외환차익 발생
(영업외수익)

이익 감소

이익 증가

수출업자

수출업자

# 10억 원 들어간 기계장치,
# 5년 정액법으로 감가상각해보기

●●● 자산 가치 하락으로 장부가격을 감소시킬 경우, 감소액만큼 비용 처리하는 대표적 사례가 '감가상각비'입니다. 건물, 기계장치, 차량 등 영업활동에 사용하면서 형태가 있는 자산을 유형자산이라고 합니다. 유형자산은 사용할수록 진부화해 가치가 계속 떨어진다고 봅니다. 즉 계속해 비용화해야 한다는 거지요. 다만, 토지는 사용한다고 진부화한다고 보기는 어려워서 감가상각을 적용하지 않습니다.

㈜워터짱이 2018년 초 10억 원을 투자해 정수기 제조 기계장치를 구축했고, 가동에 들어갔다고 해 보겠습니다. 회사 〈재무상태표〉에 현금 10억 원 감소, 기계장치(유형자산) 10억 원 증가를 기록합니다. 이 장치를 5년 동안 사용가능할 것으로 회계적으로 추정(내용연수 5년)하고, 정액법(매년 동일한 금액으로 상각하는 방법)으로 감가상각해 봅시다.

해마다 장부가격을 2억 원씩 낮추고, 2억 원씩 감가상각비로 반영하면 됩니다. 2020년 말 결산을 하면 기계장치의 장부가격은 4억 원(기계장치 취득가격 10억 원-3년치 감가상각누적액 6억 원)이 되지요. 〈손익계산서〉에는 2020년의 감가상각비로 2억 원을 반영하면 끝입니다.

회사의 모든 자산에는 장부가격 이상의 가치를 지니고 있다는 가정이 전제되어있습니다. 2020년 말 기계장치 장부가격이 4억 원이라면, 이 장치를 가동해 앞으로 4억 원 이상의 현금흐름을 창출할 수 있다는 것이 전제되어 있지요. 그런데 만약 자산의 가치가 장부가격인 4억 원에 못 미치는 것으로 확인된다면 어떻게 해야 할까요?

# [ 감가상각 ]

## 감가 (減價)
유형자산이 시간이 지나면서 가치가 떨어지는 것

## 감가상각 (減價償却)
자산의 가치가 감소한 만큼 〈재무상태표〉에서
장부가치를 하향 조정하는 것
＊유형자산 가운데 토지는 감가상각 대상 아님

## [ (주)워터짱 정수기 제조 설비 감가상각 적용 ]

· 2018년 초 10억 원을 투자해 정수기
  제조 설비 구축
· 정액법으로 5년 동안 감가상각 적용

## (주)워터짱의 2018년 초
## <재무상태표>

현금 10억 원 감소
유형자산(기계장치) 10억 원 증가

| 구분 | 2018년 말 | 2019년 말 | 2020년 말 | 2021년 말 | 2022년 말 |
|---|---|---|---|---|---|
| 감가상각비 | 2억 원 | 2억 원 | 2억 원 | 2억 원 | 2억 원 |
| 장부가격 | 8억 원 | 6억 원 | 4억 원 | 2억 원 | 0 |

# 사용가치, 공정가치, 회수가능액 따져보니 유형자산이 손상됐다고?

●●● 2020년 말 결산 시점이 되었습니다. 그동안 정수기 시장이 침체해 업체들이 계속 적자를 내고 있습니다. 해외에서 들어온 싼 제품이 판을 치면서 경쟁이 갈수록 치열해지고 있어 업황이 개선될 조짐도 별로 없습니다.

이런 상황이라면 ㈜워터짱은 2020년 말 결산을 할 때 정상적인 감가상각을 적용해 산출한 기계장치 장부가격 4억 원이 합리적인지, 이 기계장치를 가동해 4억 원 이상의 미래현금흐름을 창출할 수 있을지 의문이 들 겁니다. 이렇게 자산 가치가 손상된 징후가 있다면 회사는 기계장치 가치 평가를 다시 해봐야 합니다(손상평가).

가치 평가 결과 예상되는 미래현금흐름이 3억 원밖에 안 되는 것으로 산출되었습니다. 이 3억 원을 사용가치라고 합니다. 기계를 지금 내다 팔면 얼마나 받을 수 있을까요? 2억 원밖에 못 받는다고 하네요. 이것을 공정가치(매각가치)라고 합니다. 둘 중에서 높은 금액인 3억 원을 회수가능액이라고 합니다. 정상 감가상각을 한 뒤 장부가격이 4억 원이 되었는데, 회수가능액이 3억 원이라면, 이 기계는 장부상으로 4억 원짜리가 아니라 3억 원짜리인 셈입니다.

그래서 장부가격을 4억 원에서 다시 1억 원만큼 하향 조정하고, 이 1억 원을 감가상각비와는 별도의 비용으로 처리합니다. 이것이 유형자산의 '손상차손'입니다. 결과적으로 2020년 말 결산 때 기계장치에서 발생하는 총비용은 연 감가상각비 2억 원과 손상차손 1억 원을 합쳐 3억 원이 되는 셈입니다.

# [ (주)워터짱 정수기 제조 설비 감가상각 ]

- 2018년 초 10억 원을 투자해 정수기 제조 설비 구축
- 정액법으로 5년 동안 감가상각 적용

| 구분 | 2018년 말 | 2019년 말 | 2020년 말 | 2021년 말 | 2022년 말 |
|---|---|---|---|---|---|
| 감가상각비 | 2억 원 | 2억 원 | 2억 원 | 2억 원 | 2억 원 |
| 장부가격 | 8억 원 | 6억 원 | 4억 원 | 2억 원 | 0 |

# [ (주)워터짱 2020년 말 결산 시 기계장치 손상평가 ]

## ① 사용가치
미래현금흐름 측정
3억 원

## ② 공정가치(매각가치)
매각 시 현금 유입 가능액
2억 원

## ①, ② 중 큰 금액 ➡ 회수가능액 3억 원

장부가격 재조정

## <재무상태표> 기계장치 장부가격
정상 감가상각 뒤 4억 원
➡ 회수가능액 3억 원
(1억 원 하향 조정)

## <손익계산서>
손상차손비용
1억 원 반영

\* 2020년 말 기계장치 관련 총비용
=3억 원(감가상각비 2억 원+손상차손 1억 원)

# 떼일 가능성이 높은 돈,
# 대손충당금 회계 처리법

●●● 모든 자산은 다 손상 가능성이 있습니다. 매출채권 10억 원이 있다고 합시다. 그런데 거래처가 도산했습니다. 10억 원을 받아 낼 방법이 없다면 이 매출채권은 전액 손상된 것입니다. 회사가 보유하고 있는 매출채권은 늘 전액 회수될 것으로 확신할 수 없습니다. 회사는 결산할 때 보유하고 있는 매출채권의 회수 가능성을 평가합니다. 손상 가능성을 추정한다는 것이지요.

2019년 초부터 운동화 제조·판매를 시작한 (주)맨발로는 9월에 (주)신발백화점에 운동화 100켤레를 150만 원 외상으로 팔았습니다. 12월 말 결산 시점까지 매출채권은 회수되지 않았습니다. 알아보니 신발백화점이 자금 사정이 나빠져 워크아웃 기업으로 지정됐습니다. 맨발로는 매출채권 150만 원 가운데 50만 원밖에 회수하지 못할 것으로 추정했습니다. 그렇다면 이 매출채권의 장부가격을 150만 원에서 50만 원으로 조정하고, 감소액 100만 원을 비용으로 처리해야 합니다. 자산에 손상이 발생한 것이니까요. 이때 대손충당금이라고 하는 계정을 활용합니다.

〈재무상태표〉에서 장부가격 150만 원에 대해 '대손충당금' 100만 원을 설정하면 매출채권 순액은 50만 원이 됩니다. 〈손익계산서〉에서는 대손충당금 설정액(100만 원)만큼을 대손상각비라는 계정으로 비용 처리합니다. 대손충당금이 설정되면(증가하면) 매출채권 장부가격이 감소하고 대손상각비가 발생하겠지요. 떼일 것으로 추정했던 돈이 회수되거나 떼일 위험이 사라지면 대손충당금을 줄여야 합니다. 이를 '대손충당금 환입'이라고 하는데요. 환입한 만큼 다시 이익이 증가합니다.

# [ (주) 맨발로 매출채권 손상 가능성 추정 ]

2019년 초

(주)맨발로
영업 개시

9월

(주)신발백화점에 운동
화 100컬레(150만 원)
외상 판매 ➡ 매출채권
150만 원 발생

11월
(주)신발백화점
워크아웃 기업 지정

2019년 연말 결산

(주)신발백화점 매출채
권(장부가격 150만 원)
회수 추정 ➡ 100만 원
회수 불가 예상

**매출채권
장부가격 감소,
대손상각비 발생**

손상

## <재무상태표>

매출채권　 150만 원
− 대손충당금 100만 원
_____
**매출채권 순액 50만 원**

## <손익계산서>

대손상각비 100만 원

# 재고자산의
# 순실현가능가치란?

●●● 이마트가 고구마 상품 10억 원어치를 재고자산으로 보유하고 있습니다. 이마트가 재고자산 장부가격으로 10억 원을 적어놓았다면 이 고구마를 팔아 적어도 10억 원 이상은 회수할 것으로 기대한다는 이야기입니다. 그런데 고구마가 풍년으로 시세가 급락해 고구마 10억 원어치 재고가치가 8억 원 정도로 떨어진 상황에서 결산일이 되었습니다. 어떻게 해야 할까요?

㈜촉촉이 보유 중인 가습기 재고자산인 구형모델 10대의 장부가격이 80만 원이라고 해 보겠습니다. 찾는 사람이 없어 시중 판매시세가 70만 원밖에 되지 않습니다. 재고 판매로 회수 가능한 금액이 장부가격에도 못 미치는 거지요. 운임 등 판매부대비용도 5만 원 발생할 것으로 추정됩니다. 그렇다면 팔아봐야 실제 회수가치는 70만 원에서 판매부대비용 5만 원을 뺀 65만 원 밖에 안된다는 이야기가 됩니다. 이때 가습기 재고자산의 순실현가능가치(NRV; Net Realizable Value)는 65만 원이라고 말합니다. 그리고 결산을 할 때 장부가격을 65만 원으로 조정합니다. 감소액 15만 원은 재고자산 평가손실로 처리합니다.

재고에서 발생하는 평가손실은 별도의 비용 계정으로 처리하지 않습니다. 매출원가에다 더해주는 식으로 처리하기 때문에 그만큼 이익이 줄어듭니다. 회계기준에서는 재고자산 평가이익은 인식하지 않습니다. 중동에서 원유를 도입하는데, 운반 도중 원유 가격이 올라 정유사들이 재고자산 평가이익을 봤다는 보도를 가끔 보지요? 틀렸습니다! 재고자산 평가이익이란 건 없습니다.

## [ 재고자산의 순실현가능가치 평가 ]

가습기 구형모델
재고 장부가격
**80만 원**

 >

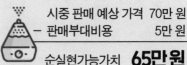
시중 판매 예상 가격  70만 원
− 판매부대비용          5만 원
순실현가능가치  **65만 원**

| &lt;재무상태표&gt; | &lt;재무상태표&gt; |
|---|---|
| 가습기 재고 장부가 80만 원<br>➡ 65만 원으로 조정 | 재고자산 평가손실 15만 원<br>➡ 매출원가에 가산 |

## [ 원유를 운반하는 도중에 가격이 오르면<br>재고자산 가치는 어떻게 될까? ]

원유 10억 원어치 수송 중
원유가격이 15억 원으로 상승

재고자산 평가이익
5억 원( ✘ )

중동 → 한국 정유사

# 정유사는 재고평가를
# 어떻게 할까?

● ● ●  (주)다있어마트가 2018년에 100원에 구매해 재고자산으로 보유 중인 상품의 시세가 2019년 90원으로 떨어졌다고 해 봅시다. 10원을 재고자산 평가손실로 인식하고 매출원가에 더해줍니다. 그만큼 비용이 증가하는 셈이죠. 상품 시세가 떨어진 게 아니라 110원으로 올랐다면요? 그래도 10원을 재고자산평가이익으로 인식하지 않습니다. 시세가 2019년 90원으로 떨어졌다가 2020년 110원으로 상승했다면요? 2019년 인식했던 평가손실 10원을 환입(비용 처리한 것을 수익으로 되돌리는 개념)해 원래 매입가격인 100원까지만 돌려놓을 수 있습니다. 환입한 10원만큼 매출원가에서 차감하므로 비용이 그만큼 감소하는 셈입니다.

정유사의 재고평가는 국제 유가의 영향만 받는 건 아닙니다. 정유사는 원유를 도입해 정제 과정을 거쳐 휘발유나 경유 같은 석유 제품을 만듭니다. 실제 재고자산의 평가손실 여부를 따지기 위해서는 원유 도입가격에다 정제에 투입한 비용을 더한 값과 석유 제품 판매가격을 비교합니다. 판매가격이 '원유 매입가＋정제비용'보다 낮아져 역마진이 발생한다면, 재고평가손실을 인식합니다. 따라서 국제 유가 상승으로 재고(원유)평가이익이 발생해 정유사의 영업이익이 증가했다는 건 올바른 분석이라고 하기 어렵습니다. 유가가 상승하면 일반적으로 판매가가 높아지고, 정제마진이 증가하기 때문에 이익이 늘어난다고 보는 게 올바른 분석입니다. 일반적으로 정유사의 손익에 가장 큰 영향을 미치는 요소는 국제 유가와 환율입니다.

# [ (주)다있어마트의 재고자산평가손실과 환입 ]

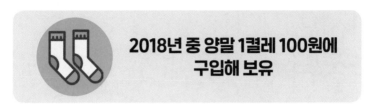

2018년 중 양말 1켤레 100원에
구입해 보유

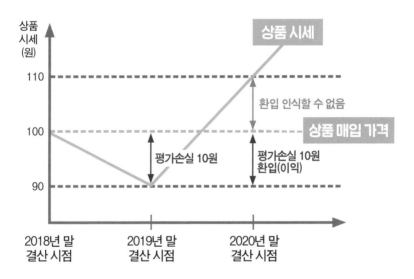

상품
시세
(원)

상품 시세

110

환입 인식할 수 없음

100

상품 매입 가격

90

평가손실 10원

평가손실 10원
환입(이익)

2018년 말
결산 시점

2019년 말
결산 시점

2020년 말
결산 시점

# [ 정제마진 계산법 ]

석유 제품
가격 − 원유 가격 + 수송비 + 운영비 = 정제마진

# "여러분은 우리 회사의
자산입니다",
사장님의 거짓말(?)

●●● 앞서 우리가 흔히 사용하는 '재산'이라는 말과 회계에서 사용하는 '자산'은 비슷하면서도 다른 점이 있다고 했습니다. 어떤 점에서 차이가 있을까요? 자산은 간단하게 말하자면 미래에 경제적 효과나 이익(효익)을 가져다줄 것으로 기대되는 것이라고 할 수 있습니다. 자산은 그 가치를 신뢰성 있게 측정할 수 있어야 합니다. 그래야 장부에 자산으로 올릴 수 있지요.

회사 사장이 신입사원들에게 "여러분은 우리 회사의 자산입니다"라고 말했다고 합시다. 신입사원들이 앞으로 회사에 경제적 효익을 가져다줄 것으로 기대되는 것은 맞지요. 그러나 신입사원의 가치를 신뢰성 있게 측정할 수는 없습니다.

철강회사가 광산회사에게 철광석 2톤을 한 달 뒤에 가져다 달라며 10억 원을 줬습니다. 어떤 재화나 서비스를 받기로 하고 미리 준 돈을 선급금이라고 합니다. 10억 원은 선급금입니다.

철강회사가 현금을 지출한 것은 분명합니다. 그런데 이 선급금 때문에 앞으로 회사에 철광석이 들어올 겁니다. 경제적 효익이 생길 것이 확실하지요. 그 효익의 가치는 당연히 신뢰성 있게 측정 가능합니다. 효익의 가치는 바로 철광석 가격인 10억 원입니다. 그래서 철강회사는 이 선급금을 자산으로 처리합니다. 현금자산이 10억 원 감소하고, 선급금 자산이 10억 원 증가하는 거래입니다.

한 달 뒤 철광석이 입고되면 철강회사는 선급금 자산 10억 원을 지우고, 재고자산 10억 원을 추가합니다. 재고자산은 나중에 원가가 되겠지요.

# [ 자산과 재산의 차이 ]

여러분은 우리 회사의 자산입니다.

팩트 체크

자산은 가치를 신뢰성 있게 측정할 수 있어야 함.

신입사원은 가치를 신뢰성 있게 측정할 수 없으므로,

## 신입사원 ≠ 자산

# [ 선급금의 회계 처리 ]

10억 원(선급금)

철강 회사 → 광산 회사

한달 뒤 철광석 2톤

**<재무상태표>**
현금자산 10억 원 감소
선급금 자산 10억 원 증가
＊자산총액 변화 없음

한달 뒤 철광석 입고

**<재무상태표>**
• 선급금 자산 10억 원 삭제
• 재고자산(철광석) 10억 원 으로 대체

# 일타강사의 전속계약금은
# 왜 자산일까?

●●● 앞서 살펴본 철광석 거래 사례처럼 회사가 돈을 지급했는데도 자산으로 잡는 경우는 무형자산에 많이 있습니다. 무형자산은 말 그대로 눈에 안 보이는 자산이라는 뜻인데요. 뒤에서 더 자세히 설명하겠습니다(124쪽 참조).

㈜메가스터디교육은 강사들에게 강의를 맡기면서 수익 배분 계약을 맺습니다. 잘 나가는 이른바 '일타강사'들에게는 전속계약금을 지급합니다. 전속계약을 맺고 계약금을 지급하는 이유는 이들이 학원에 많은 매출을 올려줄 것으로 기대하기 때문입니다.

메가스터디교육이 A 강사에게 2년 전속계약금으로 5억 원을 지급했다고 해봅시다. 회사에게는 A 강사를 학원에 전속시켜 강의 활동을 하게 할 권리 즉 전속계약권이 생기겠지요. 이 전속계약권은 미래에 경제적 효익(강의매출 발생)이 기대되는 것이고, 신뢰성 있게 측정 가능합니다. 전속계약금이 장부가격이 될 수 있는 겁니다. 그래서 이 전속계약권은 메가스터디교육의 무형자산이 되는 것입니다. 메가스터디교육 입장에서는 5억 원 현금자산이 감소하고, 전속계약권 자산(무형자산)이 5억 원 생깁니다.

연예기획사의 연예인 전속계약도 마찬가지입니다. 전속계약금(전속계약권)은 무형자산이 됩니다. 전속 연예인들이 연예 활동을 하면서 많은 수익을 올리고 회사가 그 수익의 일부를 분배(경제적 효익의 발생)받을 수 있기 때문입니다. 선급금이나 전속계약금은 현금이 지출된 것인데, 왜 자산이 되는지 잊지 마세요.

# [ 현금이 지출된 것인데 자산이 되는 사례 ]

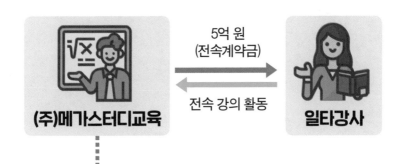

5억 원
(전속계약금)

(주)메가스터디교육

전속 강의 활동

일타강사

## <재무상태표>

현금자산 5억 원 감소
전속계약권(무형자산) 5억 원 증가
*자산총액 변화 없음

# [ (주)메가스터디교육 연도별 ]
# [ 전속계약금(잔액) 추이 ]

(단위 : 억 원)

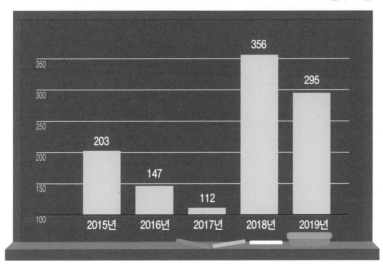

# 갈수록
# 중요해지는
# 무형자산
# 완전정복

# 비용인 듯 아닌 듯, 드라마 제작비와 신약 개발비

●●● 무형자산은 말 그대로 형태가 없는 자산입니다. 상표권, 특허권 같은 산업재산권이 대표적이지요. 상표는 형태가 있지만, 상표에 대한 권리는 형태가 없습니다. 이 상표권이 회사에 경제적 효익을 가져다줄 것으로 기대되고, 상표권의 가치를 신뢰성 있게 측정할 수 있다면 무형의 자산으로 재무제표에 기록할 수 있습니다.

무형자산 중에는 언뜻 들어서는 "이건 그냥 〈손익계산서〉 비용 같은데?" 하고 고개가 갸웃거려지는 것들이 있습니다. 대표적인 게 '개발비'라는 무형자산입니다. 개발 활동에 지출한 돈이라는 거지요. 제약사가 신약 개발에 자금을 투입해 신약을 개발해 내고 판매에 들어가면, 돈을 법니다. 이렇게 개발비를 지출함으로써 나중에 수익 창출이라는 경제적 효익을 기대할 수 있기 때문에 개발비 지출액만큼을 무형자산으로 기록할 수 있는 거지요.

그렇다고 해서 이 개발비를 계속해 자산으로 유지할 수는 없습니다. 개발비라고 하는 것은 어차피 쓴 돈입니다. 언젠가는 비용 처리해야 하는 거지요. 개발비는 해마다 나눠서(상각해) 비용 처리해 나갑니다. 이에 대해서는 뒤에서 자세히 설명합니다(136쪽 참조).

드라마 제작비도 하나의 사례가 될 수 있습니다. 드라마 전문 제작사가 제작비를 대거 투입해 드라마를 만들면 방송국을 포함해 여러 채널에 판매할 수 있고, 광고료 등의 수익을 기대할 수 있습니다. 제작비는 당연히 신뢰성 있게 측정 가능합니다. 그래서 드라마 제작비는 무형자산으로 기록할 수 있습니다.

# [ 다양한 무형자산 ]

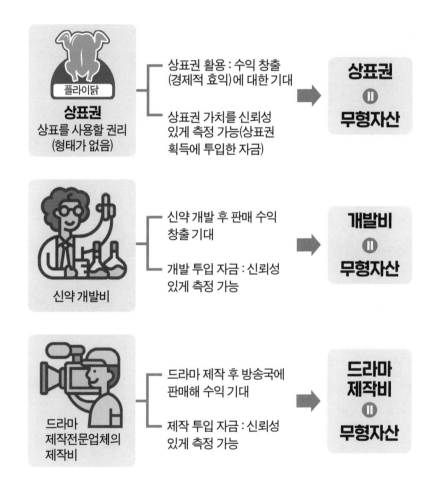

**플라이닭**

**상표권**
상표를 사용할 권리
(형태가 없음)

- 상표권 활용 : 수익 창출 (경제적 효익)에 대한 기대
- 상표권 가치를 신뢰성 있게 측정 가능(상표권 획득에 투입한 자금)

➡ **상표권 ⓫ 무형자산**

**신약 개발비**

- 신약 개발 후 판매 수익 창출 기대
- 개발 투입 자금 : 신뢰성 있게 측정 가능

➡ **개발비 ⓫ 무형자산**

**드라마 제작전문업체의 제작비**

- 드라마 제작 후 방송국에 판매해 수익 기대
- 제작 투입 자금 : 신뢰성 있게 측정 가능

➡ **드라마 제작비 ⓫ 무형자산**

# 프랜차이즈 상표권,
# 실제 가치와 장부가격의 괴리

●●● 지금부터 몇 가지 무형자산의 실제 재무제표 사례를 들어보겠습니다. ㈜고칼로리가 치킨과 피자로 유명한 프랜차이즈업체라고 해 봅시다. 달봉이는 고칼로리를 창업하면서 특허청에 상표를 등록했습니다. 상표권자를 회사로 했기 때문에 '상표권'이라는 무형자산이 생깁니다. 창업 초기 이 무형자산의 가치를 가장 신뢰성 있게 측정한 금액은 상표를 등록하는데 들어간 비용밖에 없습니다. 그래서 상표권 장부가격으로 200만 원을 기록했다고 가정해 보겠습니다.

이후 달봉이와 고칼로리 직원들이 열심히 일한 결과 몇 년 만에 프랜차이즈 가맹업체가 1000개까지 늘었습니다. '고칼로리'라는 브랜드는 이제 아주 유명해졌지요. 그렇다고 해서 상표권의 장부가격을 높일 수는 없습니다. 회계에서는 상표권처럼 회사 내부에서 창출된 무형자산의 경우 그 가치를 신뢰할 수 있게 다시 측정하는 것은 어렵다고 봅니다.

고칼로리는 가맹업체들로부터 상표권 사용료를 받겠지요. 이것은 회사의 영업수익(매출)이 됩니다. 우리나라 프랜차이즈업체들은 이런 상표권 사용료 수익보다는 가맹점에 상품이나 제품을 공급하면서 올리는 매출이 훨씬 많습니다. 어쨌든 사람들은 고칼로리라는 이름값을 믿고 가맹점을 하겠다고 몰려듭니다. 여기서 제품과 상품 매출, 상표권 사용료 매출이 발생합니다.

고칼로리라는 상표는 회사에 많은 돈을 벌어다 줄 정도로 높은 가치를 내재한 무형자산이라고 말할 수는 있지만, 실제 재무제표상의 장부가격은 얼마 안 되는 거지요.

## [ 프랜차이즈 창업 단계 ]

## [ 프랜차이즈 발전 단계 ]

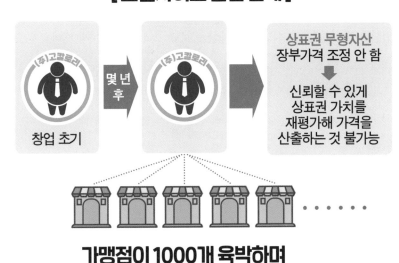

**가맹점이 1000개 육박하며
브랜드 가치 급상승**

# 국가 대표급 햄버거 브랜드 상표권 장부가격이 겨우 수백만 원

●●● (주)해마로푸드서비스는 맘스터치(햄버거, 치킨 등)와 붐바타(화덕 샌드 위치, 쌈피자 등)라는 브랜드를 가진 프랜차이즈 업체인데요. 식자재 유통사업 도 겸하고 있습니다. 이 회사 영업수익에는 비중은 작지만 가맹점들이 내는 상표권 사용료가 있습니다. 가맹점에 대한 상품과 제품매출, 식자재 사업 매출도 영업수익을 구성합니다.

'매출 구성 내역' 가운데 '기타매출'이 대부분 로열티(상표 사용료)입니다. 해마다 수십억 원의 상표권 수익이 발생하는 상표권 무형자산의 장부가격은 과연 얼마일까요? 재무제표 주석의 무형자산을 보면, 2019년 말 현재 해마로푸드 서비스가 보유한 모든 산업재산권(특허권, 디자인권, 상표권 등)의 장부가격이 불과 540만 원입니다. 취득가격은 1억 2000만 원인데 유형자산처럼 해마다 조금씩 상각되어 540만 원이 되었네요(무형자산의 상각에 대해서는 뒤에서 따로 설명합니다).

'자산의 취득'이라고 하는 것은 외부에서 사오는 것만 해당한다고 생각하기 쉬운데요. 내부에서 만들어 장부에 올리는 것도 모두 포함합니다. 예를 들어 냉장고 업체가 냉장고를 완성하는 것도 재고자산의 취득이라고 합니다.

해마로푸드서비스가 창출했거나 외부에서 매입한 산업재산권에 어떤 것들이 있는지는 알 수 없습니다. 하지만 상표권이 포함되어 있고, 회사에 연 수십억 원의 수익을 가져다주는 상표권의 장부가격이 겨우 540만 원에 못 미친다는 것이 팩트입니다.

# [ (주)해마로푸드서비스 사업 구조 ]

# [ (주)해마로푸드서비스 2019년 매출 구성 내역 ]

(단위 : 억 원)

| 구분 | 매출액 |
|------|--------|
| 상품 | 2545 |
| 제품 | 278 |
| 기타 | 65 |
| 합계 | 2889 |

# [ (주)해마로푸드서비스 무형자산 내역 ]

| 구분 | 취득원가 | 장부가격 |
|------|----------|----------|
| 영업권 | 25억 6000만 원 | 1억 8000만 원 |
| 산업재산권 | 1억 2000만 원 | 540만 원 |
| 소프트웨어 | 18억 5700만 원 | 11억 원 |
| 회원권 | 30억 8000만 원 | 28억 3500만 원 |
| 기타의 무형자산 | 1억 7000만 원 | 1억 원 |
| 합계 | 95억 원 | 52억 원 |

# 해외 상표권 도입해 영업할 때 회계 처리, K2코리아 '아이더'

●●● 다른 회사의 상표를 인수하면 매입가격이 바로 취득원가가 됩니다. 2020년 2월 아웃도어전문업체 K2코리아가 유럽패션기업이 보유한 상표 '아이더'의 글로벌 사용권을 인수했습니다. K2코리아는 앞서 2009년에 '아이더' 국내 사용권을 인수했습니다. 이번에는 전 세계 시장에서 아이더 상표를 붙인 제품을 판매할 수 있는 글로벌 사용권을 매입한 것입니다.

2009년으로 가 봅시다. K2코리아는 아이더 상표권을 얼마에 매입했을까요? 재무제표 주석의 무형자산(이해를 위해 수치를 간단하게 편집)을 보면, 50억 원에 취득했다고 추정할 수 있습니다. 상표권 자산 장부가격은 이른바 '상각'을 합니다. 앞서 기계장치 유형자산을 감가상각하는 것과 마찬가지입니다(상표권 무형자산을 상각하지 않는 경우도 있습니다).

K2코리아는 무형자산 중에서 상표권의 경우 5년간 상각하는 것을 회계정책으로 정해놓았습니다. 그럼 아이더 상표권 장부금액을 해마다 10억 원(50억 원/5년)씩 낮추고, 동시에 해마다 10억 원만큼을 무형자산 상각비라는 이름으로 비용 처리하면 되는 겁니다.

예를 들어 K2코리아의 2009~2012년 무형자산은 해마다 10억 원씩 장부가격을 낮춰갑니다. 〈손익계산서〉 판관비에 보면 무형자산 상각비로 10억 원씩 반영됩니다. 회사의 수익 창출에 활용되는 자산(영업용 자산)은 이런 식으로 비용화됩니다.

## [ K2코리아 재무제표 주석에서 무형자산 ]

아이더 상표
국내 사용권 인수

| 구분 | 2009년 | 2010년 | 2011년 | 2012년 |
|------|--------|--------|--------|--------|
| 기초장부금액 | - | 45억 원 | 35억 원 | 25억 원 |
| 취득금액 | 50억 원 | - | - | - |
| 상각액 | (5억 원) | (10억 원) | (10억 원) | (10억 원) |
| 기말장부금액 | 45억 원 | 35억 원 | 25억 원 | 15억 원 |

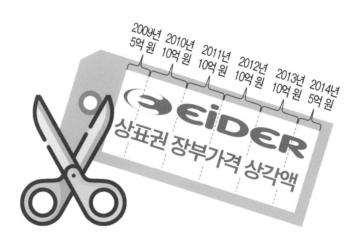

2009년 5억 원 2010년 10억 원 2011년 10억 원 2012년 10억 원 2013년 10억 원 2014년 5억 원

EIDER 상표권 장부가격 상각액

## 상표권에서 발생한 무형자산 상각비

- 연간 10억 원씩 5년 상각.
- 단, 상표권을 2009년 7월 초에 취득했기 때문에,
  2009년의 경우 반 년치에 해당하는 5억 원만 상각.

# 내가 세운 프랜차이즈의
# 상표권은 내 것?
# 재판에 넘겨진 사주들

●●● 앞서 프랜차이즈 (주)고칼로리 상표권자는 회사라고 했습니다. 그런데 만약 창업자인 달봉이가 특허청에 자기 이름으로 상표권을 등록하면 어떻게 될까요? 상표사용권 수익은 모두 달봉이가 갖겠지요. 요즘 업계에서는 이 문제로 창업자가 검찰 조사를 받고 기소되는 사례들도 나오고 있습니다.

안마의자 전문업체 바디프랜드의 상표권자는 회사가 아니라 창업자의 사위였습니다. 회사는 창업자의 사위에게 상표권 사용료를 내고 있었습니다.

2015년 사모펀드가 바디프랜드 최대주주가 된 뒤 바디프랜드로 하여금 180억 원에 상표권을 매입하게 했습니다. 바디프랜드는 이 상표권에 대해서는 상각을 하지 않습니다.

회사 측은 "상표권의 경우 이용 가능 기간에 대해 예측 가능한 제한이 없다"면서 "따라서 내용연수*가 한정되지 않아 상각하지 않는다"고 밝혔습니다. 취득원가 180억 원이 그대로 유지되는 거지요.

*내용연수 : 자산이 사용 가능할 것으로 기대되는 기간

# [ (주)바디프랜드 상표권 매입과 상표권에 대한 회계 처리 ]

## (주)바디프랜드,
## 2015년 회사 특수관계인으로부터 상표권 매입

 **BODYFRIEND**  상표권

특수관계인

| 구분 | 2017년 | | | 2018년 | | |
|------|--------|--------|--------|--------|--------|--------|
| | 취득원가 | 상각누계액 | 장부금액 | 취득원가 | 상각누계액 | 장부금액 |
| 상표권 | 180억 원 | - | 180억 원 | 180억 원 | - | 180억 원 |

상표권 상각 안 함

> 과거 제 상표권은 창업자의 사위가 가지고 있었지요.

'원할머니 보쌈'으로 잘 알려진 ㈜원앤원의 경우, 회사 창업자이자 대표가 2009~2018년까지 상표 5개를 자신이 설립한 다른 회사 명의로 등록했습니다. 그리고는 상표권 사용료로 약 21억 원을 수령해, 배임 혐의로 재판을 받았습니다. 2019년 8월 대법원 최종심에서 징역 2년, 집행유예 3년을 선고한 2심이 확정되었습니다.

본죽으로 유명한 ㈜본아이에프의 경우 창업자 부부가 상표권 3개를 본인들 명의로 등록했습니다. 창업자는 상표권 사용료 등의 명목으로 회사로부터 28억 원을 받았다가 재판에 넘겨졌습니다. 1심에서 상표 1개에 대해서만 유죄가 인정되어 선고유예 판결이 나왔는데요. 2020년 5월 현재 2심이 진행 중입니다.

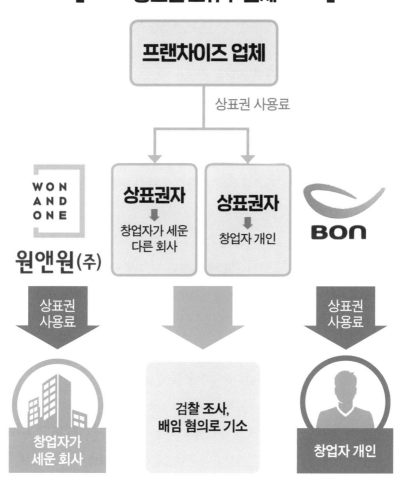

**[ (주)본아이에프와 원앤원(주)의 ]**
**상표권 소유주 문제**

프랜차이즈 업체

상표권 사용료

WON AND ONE
원앤원(주)

상표권자
↓
창업자가 세운
다른 회사

상표권자
↓
창업자 개인

BON

상표권
사용료

상표권
사용료

창업자가
세운 회사

검찰 조사,
배임 혐의로 기소

창업자 개인

# 자산화한 신차 개발비,
# 비용화 시작은 언제?

●●● 자동차 회사가 신차 연구개발에 자금을 투입했습니다. 신차 개발을 완료하고 판매에 들어가면 수익(매출)을 창출하는 거지요. 따라서 연구개발에 쓴 돈은 수익이라는 경제적 효익을 가져올 것으로 기대할 수 있는, 즉 '자산'의 성격이 있다고 할 수 있습니다. 신뢰성 있게 측정도 가능합니다. 연구개발 명목으로 쓴 돈만 집계하면 되니까요. 그런데 연구개발 지출액 전액을 자산으로 잡을 수는 없습니다. 이 가운데 일반적인 연구 단계 활동 말고 앞으로 출시할 신차와 직접 관련된 개발 활동에 지출한 돈만 자산으로 올릴 수 있습니다.

현대자동차가 2019년에 신차 연구개발에 2000억 원을 지출했고, 이 가운데 800억 원이 개발 활동 지출액이라고 해 봅시다. 1200억 원은 2019년 즉 당기의 비용으로 처리하고, 800억 원은 자산으로 분류합니다. 계정 이름은 '개발비'입니다. 마치 비용 같은 느낌을 주지만 '개발비'는 '무형자산'의 한 종류라는 것을 잘 기억합시다. 개발비는 해마다 일정 금액씩 상각해 비용화합니다. 상각 시작 시기는 개발이 완료된 신차가 판매에 들어가 수익을 창출하는 시점부터입니다.

앞서 K2코리아의 '아이더' 글로벌 상표권도 제품이 세계시장에서 본격 판매를 시작하는 때부터 상각에 들어갑니다. 만약 현대차가 개발비에 대해 8년 상각을 적용한다면 연간 100억 원씩 개발비 장부가격을 낮추고, 그만큼씩을 무형자산 상각비로 반영하면 됩니다. 비용 처리하는 1200억 원의 계정이름은 '연구개발비', '경상연구개발비', '연구비' 등 회사마다 다양합니다.

## [ 연구개발비의 회계 처리 ]

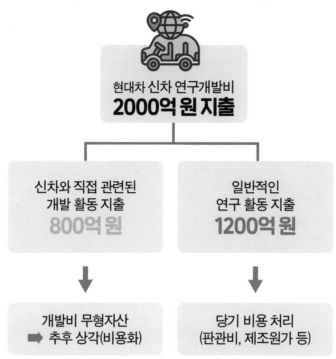

현대차 신차 연구개발비
**2000억 원 지출**

신차와 직접 관련된
개발 활동 지출
**800억 원**

일반적인
연구 활동 지출
**1200억 원**

개발비 무형자산
➡ 추후 상각(비용화)

당기 비용 처리
(판관비, 제조원가 등)

## [ 연구개발비 상각(무형자산 상각비) ]

2020년 초 신차 출시

개발비 8년 간 연간 100억 원 씩 상각

2019년 연구개발
2000억 원 지출

2021년 말
· 개발비 장부가격
700억 원 - 100억 원 = 600억 원
· 무형자산 상각비 100억 원

· 800억 원 개발비 자산
· 1200억 원 비용 처리

2020년 말
· 개발비 장부가격
800억 원 - 100억 원 = 700억 원
· 무형자산 상각비 100억 원

# 현대차와 삼성전자의
# 극과 극 연구개발비 자산화율

●●● 실제 현대차의 2019년 연구개발지출 내역을 재무제표 주석에서 살펴봅시다. 해마다 연구개발에 지출하는 금액의 절반 정도는 당기 비용으로, 나머지 절반 정도는 개발비로 자산화한다는 것을 알 수 있습니다. 상각 기간은 3년 또는 7년입니다.

당기 비용으로 처리하는 연구개발비(1조 4890억 원)는 대부분 판관비 내에서 '연구비'라는 계정으로 1조 2897억 원이 처리되었습니다. 나머지 1993억 원이 제조경비(제조원가) 또는 기타비용으로 처리됩니다.

삼성전자의 경우 2019년 연구개발지출 20조 1929억 원 가운데 개발비로 자산화한 금액은 2857억 원(1.4%)에 불과합니다. 연구개발지출 대부분을 당기 비용으로 털어낸다는 거지요. 2018년에도 98.4%를 비용 처리했습니다.

2019년 말 삼성전자의 개발비 자산 잔액도 7407억 원에 불과합니다. 상각 기간도 2년입니다. 현대차는 2019년 말 개발비 자산 잔액이 4조 763억 원에 달합니다. 이 가운데는 아직 신차가 출시되지 않아 상각에 들어가지 않은 금액도 있고, 이미 신차가 출시되어 상각이 진행 중인 금액도 있습니다.

LG전자도 삼성전자처럼 연구개발비의 자산화율이 아주 낮습니다. 2019년의 경우 연구개발지출 4조 228억 원 가운데 3157억 원을 개발비 자산으로 처리했습니다. 비율로는 7.8%에 불과합니다.

기업마다 업종과 생산 제품의 성격이 다르기 때문에 연구개발비 자산화율이 어느 정도가 적당하다는 정답은 없습니다.

# [ 현대자동차 연구개발지출 회계 처리 ]

| 구분 | 2018년 | 2019년 |
|---|---|---|
| 개발비(무형자산) | 1조 4751억 원 | 1조 5327억 원 |
| 경상연구개발비 | 1조 2673억 원 | 1조 4890억 원 |
| 계 | 2조 7424억 원 | 3조 217억 원 |

**연구개발비 자산화율 ➡ 50.7%**

# [ 삼성전자 연구개발지출 회계 처리 ]

| 구분 | | 2018년 | 2019년 |
|---|---|---|---|
| 연구개발비용 계 | | 18조 6504억 원 | 20조 1929억 원 |
| 회계처리 | 개발비 자산화 (무형자산) | 2963억 원 | 2857억 원 |
| | 연구개발비 (비용) | 18조 3541억 원 | 19조 9072억 원 |

**연구개발비 자산화율 ➡ 1.4%**

# [ LG전자 연구개발지출 회계 처리 ]

| 구분 | | 2018년 | 2019년 |
|---|---|---|---|
| 연구개발비용 계 | | 3조 9601억 원 | 4조 228억 원 |
| 회계처리 | 판매비와 관리비 | 2조 3240억 원 | 2조 4834억 원 |
| | 제조원가 | 1조 1487억 원 | 1조 2238억 원 |
| | 개발비(무형자산) | 4874억 원 | 3157억 원 |

**연구개발비 자산화율 ➡ 7.8%**

# 임상 실패 논란 헬릭스미스,
# 당기순손실 대폭 늘어난 이유

●●● 아주 오랜 기간 연구개발에 자금을 투입해야 할 뿐 아니라 최종 성공 여부에 대한 리스크가 큰 대표적 산업이 신약 개발 분야입니다. 금융당국의 지침에 따라, 완전 신약 개발업체는 임상 3상에 투입되는 연구개발비부터 자산화가 가능합니다. 바이오시밀러(바이오 기술을 이용한 복제 신약) 업체는 임상 1상 연구개발비부터 자산으로 처리할 수 있습니다.

신약 개발 과정에서 문제가 생기면 회사가 자산으로 잡아놓은 개발비 자산의 가치가 떨어집니다. 임상 결과가 좋지 못하면 개발비 장부가격의 일부 또는 전액을 손상차손으로 비용 처리해야 합니다. 유형자산에서 발생하는 손상차손과 똑같습니다.

2019년 9월 헬릭스미스라는 신약 업체가 개발 중이던 당뇨병성 신경병증 유전자치료제 '엔젠시스'의 임상 3-1a(전기 임상 3상) 결과에 문제가 생겼습니다. 임상시험 중 엔젠시스와 위약(가짜약)을 복용한 환자들이 따로 분리되지 않고 뒤섞이는 바람에 임상이 사실상 실패로 돌아갔다는 평가가 나왔습니다. 회사 측은 후기 임상 3상이 남아있는 만큼 전기 임상 3상만으로 개발비 손상을 반영할 필요가 없다는 입장이었습니다. 하지만 외부감사인(회계법인)의 의견은 달랐습니다.

결국 헬릭스미스는 2019년 연간 결산을 할 때 엔젠시스 개발비 자산 818억 원을 모두 손상차손 비용으로 반영했습니다. 손상차손은 영업외비용이므로 당기순이익에 영향을 미칩니다. 헬릭스미스는 2019년에 417억 원의 영업적자를 냈는데요. 당기순손실은 1084억 원으로 크게 확대되었습니다.

# [ 신약 개발비 자산화 지침 ]

**신약 개발**

임상 3상 연구개발 지출부터
자산화 가능

**바이오시밀러
개발**

임상 1상 연구개발 지출부터
자산화 가능

# [ (주)헬릭스미스의 개발비 자산 손상차손 ]

당뇨병성 신경병증 치료제
누적 개발비 자산 818억 원

개발비 자산 818억 원 전액
손상차손 처리
➡ 영업외비용 반영

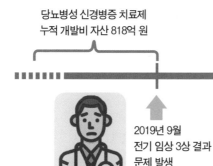

2019년 9월
전기 임상 3상 결과
문제 발생

2019년 말 결산
· 영업손실 417억 원
· 당기순손실 1084억 원

# 스튜디오드래곤,
# 송중기 거액 출연료는
# 일단 자산으로

●●● 드라마 제작에는 꽤 많은 비용이 들어갑니다. 제작이 완료된 드라마는 공중파 방송국, 유료방송 채널, OTT(인터넷 동영상 서비스) 등에 판매되어 방영료 수익과 광고 수익 등을 회사에 가져다줍니다. 따라서 드라마 제작에 투입된 제작비도 자산의 정의에 부합한다고 할 수 있습니다.

드라마 제작 전문업체 스튜디오드래곤의 제작비 가운에 일부가 '판권'이라는 이름의 무형자산 취득금액으로 기록됩니다. 그리고 드라마가 방영되면 그때부터 판권 상각에 들어가 비용화합니다. 드라마가 방영된다는 것은 매출이 발생한다는 것이고, 이 매출에 대응하는 매출원가로 판권 상각비용 즉 무형자산 상각비를 반영하는 셈입니다. 개별 드라마마다 방영 계약 기간 등이 달라 판권 상각 기간도 여기에 맞춰 차이가 있는 것으로 추정됩니다.

회사의 재무제표 주석에서 판권 취득금액을 볼까요. 2016년 675억 원, 2017년 1447억 원, 2018년 2101억 원, 2019년 2305억 원으로 해마다 증가하고 있습니다. 드라마 제작 편수와 편당 제작비도 같이 증가하는 추세인 것으로 보입니다.

한편 스튜디오드래곤의 무형자산 중에는 전속계약금이라는 것도 있습니다. 이 회사는 네 개의 드라마 제작사를 자회사로 거느리고 있습니다. 스튜디오드래곤 및 자회사들에 소속된 연기자와 유명작가들에게 지급된 전속계약금으로 추정됩니다.

# [ 스튜디오드래곤 판권 무형자산 추이 ]

(단위 : 억 원)

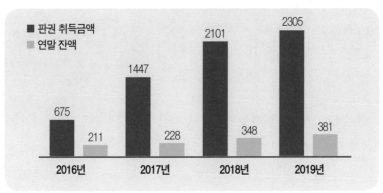

- 판권 취득금액
- 연말 잔액

| 연도 | 판권 취득금액 | 연말 잔액 |
|---|---|---|
| 2016년 | 675 | 211 |
| 2017년 | 1447 | 228 |
| 2018년 | 2101 | 348 |
| 2019년 | 2305 | 381 |

# [ 스튜디오드래곤 전속계약금 추이 ]

(단위 : 억 원)

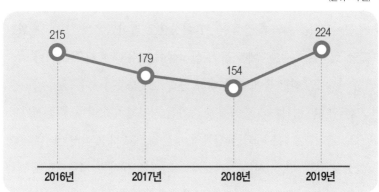

| 연도 | 전속계약금 |
|---|---|
| 2016년 | 215 |
| 2017년 | 179 |
| 2018년 | 154 |
| 2019년 | 224 |

# [ 2019년 스튜디오드래곤 제작 주요 드라마 ]

# 인수·합병할 때 준 웃돈, 재무제표에 어떻게 기록할까?

●●● 이번에는 '영업권'이라고 하는 무형자산에 대해 살펴보겠습니다. (주)고칼로리가 (주)삼겹살 지분을 100% 인수하려고 합니다. 삼겹살의 자산은 50억 원, 부채는 30억 원입니다. 그렇다면 회사의 자산에서 부채를 뺀 순자산만큼만 지급하면 될까요? 이런 M&A(인수합병)에서는 딱 순자산 금액만큼만 주고받으며 거래가 이뤄지지 않습니다. 일반적으로는 순자산 금액보다는 좀 더 높은 금액에 거래가 성사됩니다. 이렇게 순자산 금액보다 더 준 웃돈을 회계에서는 '영업권'이라고 하며, 자산으로 분류합니다.

웃돈을 주는 이유는, 속되게 말하면 '그 이상으로 뽑아먹을 수 있다'고 판단하기 때문이겠지요. 웃돈은 예를 들어 삼겹살이 보유한 브랜드 가치나 기술력, 탄탄한 고객네트워크 등에 대한 대가 성격으로 간주됩니다.

영업권 자산금액은 정확하게 말하자면 순자산 장부가치가 아니라 '공정가치'를 기준으로 합니다. 예를 들어 삼겹살의 자산을 실사하고 평가했더니 40억 원으로 산출되었습니다. 이게 공정가치라는 거지요. 부채는 재무제표에 적힌 그대로 30억 원으로 평가되었습니다. 그렇다면 순자산 공정가치는 '40억 원 -30억 원=10억 원'입니다. 어떤 회사가 30억 원을 지급하고 삼겹살을 인수했다면, 웃돈 20억 원을 영업권이라는 무형자산으로 기록해야 한다는 겁니다.

K-IFRS를 적용하는 기업은 영업권을 상각하지 않습니다. 그러나 영업권을 평가해 장부가격에 못 미치면 손상차손을 반영해야 합니다. K-GAAP에서는 영업권도 다른 무형자산과 마찬가지로 상각 대상입니다. 손상이 있으면 손상차손도 반영해야 합니다.

# (주)고칼로리의 (주)삼겹살 인수로 영업권 자산 발생

## [ 장부가 기준 ]

30억 원 지급

지분 100%

(주)고칼로리

주주

**(주)삼겹살**
자산 50억 원
부채 30억 원
순자산(자산 - 부채) 20억 원

**인수·합병 후**

**영업권 자산 10억 원 발생**
( 지급액 30억 원 - 순자산가치 20억 원 )

## [ 공정가치 기준 ]

30억 원 지급

지분 100%

(주)고칼로리

주주

**(주)삼겹살**
자산 공정가치 평가 40억 원
부채 공정가치 평가 30억 원
순자산 공정가치 10억 원

**인수·합병 후**

**영업권 자산 20억 원 발생**
( 지급액 30억 원 - 순자산 공정가치 10억 원 )

# 인수 때 준 웃돈의 정체를 밝혀라!

●●● (주)삼겹살이 (주)설렁탕 지분 100%를 인수한다고 해 봅시다. 설렁탕의 재무제표상 순자산(자산-부채)은 20억 원입니다. 그런데 자산과 부채의 공정가치를 평가해보니 장부에 3억 원으로 적혀있는 공장 토지의 시가(공정가치)가 4억 원으로 산출되었습니다. 그렇다면 설렁탕의 순자산 '공정가치'는 20억 원에서 1억 원 늘어난 21억 원이 됩니다.

삼겹살이 설렁탕에게 지분 100% 대가로 30억 원을 주었다면, 지급 대가와 순자산 공정가치 간 차액인 9억 원은 삼겹살 연결재무제표에 영업권 자산금액으로 잡힌다고 설명했습니다. 정리해보면 이렇습니다.

1. 순자산 장부금액(재무제표상 금액) 20억 원인 설렁탕을 30억 원을 주고 인수했다. 장부가격 대비 10억 원을 더 준 셈이다.

2. 10억 원 중 1억 원은 공장 토지 장부가격과 시가(공정가치) 평가 간 차액이다.

3. 삼겹살의 연결재무제표에 영업권으로 반영되는 금액은 10억 원 중 정체가 밝혀진 1억 원을 제외한 9억 원이다.

그렇다면 이런 경우를 봅시다. 설렁탕의 공장 토지(장부가 3억 원)는 시가 4억 원으로 평가되었습니다. 설렁탕은 프랜차이즈 업계 1위 브랜드로, 브랜드 가치(상표권)를 평가했더니 3억 원으로 산출되었습니다. 설렁탕은 (주)대기업 사원식당과 5년간 독점공급계약을 맺고 있습니다. 이 계약과 관련한 가치를 평가했더니 2억 원입니다. 사골을 진공 상태에서 우려내어 저지방 고칼슘의

## (주)삼겹살, (주)설렁탕 지분 100%를 30억 원에 인수

### [ 식별 가능한 무형자산이 없을 경우 ]

**(주)삼겹살**

**(주)설렁탕**

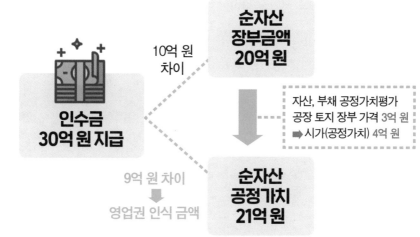

인수금 30억 원 지급

10억 원 차이

순자산 장부금액 20억 원

자산, 부채 공정가치평가
공장 토지 장부 가격 3억 원
➡ 시가(공정가치) 4억 원

순자산 공정가치 21억 원

9억 원 차이
영업권 인식 금액

순자산 장부금액보다 더 준 돈 10억 원 중
1억 원의 정체는
공장 토지 장부가격과 시가(공정가치) 간 차액 1억 원

육수를 생산하는 특허권도 가지고 있습니다. 설렁탕이 보유한 이 특허권의 가치는 1억 원으로 평가되었습니다.

브랜드, 장기공급계약, 특허 가치를 우리는 '식별 가능한 무형자산'이라고 부릅니다. 앞서 삼겹살은 설렁탕의 장부상 순자산보다 실제로 10억 원 더 지급했다고 했습니다. 이 10억 원의 정체를 보면 식별 가능한 무형자산 가치의 합이 6억 원(3억 원+2억 원+1억 원)이고, 공장 토지에서 장부가와 시가(공정가치)간 차액도 1억 원 있는 것으로 밝혀졌습니다.

그렇게 하고도 3억 원이 남습니다. 3억 원은 구체적으로 무엇에 해당하는 웃돈인지 모르는 금액입니다. 이 3억 원이 설렁탕을 인수한 이후 삼겹살의 연결 재무제표에 기록되는 진정한 의미의 영업권 자산금액입니다.

만약 식별 가능한 무형자산들이 없다면 어떻게 될까요? 앞서 설명했듯이 지급금액 30억 원과 설렁탕의 순자산 공정가치금액 21억 원간 차이인 9억 원이 영업권 금액이 되는 거지요.

영업권은 무형자산으로 분류됩니다. K-GAAP에서는 이러한 영업권은 상각합니다. 정해진 기간에 나누어 정액으로 비용화하는 겁니다. K-IFRS에서는 영업권은 상각하지 않습니다. 그러나 식별 가능한 무형자산은 상각합니다. 예를 들어 설렁탕의 브랜드 가치가 10년 정도 존속한다고 예상한다면 1년에 3000만 원씩(3억 원/10년)을 비용화(상각)하는 거지요.

K-IFRS를 적용하는 상장기업이 다른 기업을 인수할 때, 식별 가능한 무형자산은 적고 영업권 금액이 큰 경우를 선호할 수 있겠지요. 무형자산상각비로 처리하는 금액이 적어져 손익에 미치는 영향이 덜하기 때문입니다.

# [ 식별 가능한 무형자산이 있을 경우 ]

**(주)삼겹살**

**(주)설렁탕**

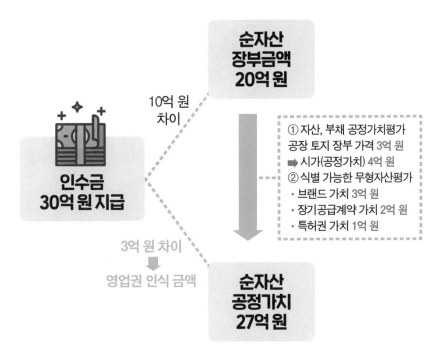

**순자산
장부금액
20억 원**

10억 원
차이

① 자산, 부채 공정가치평가
공장 토지 장부 가격 3억 원
➡ 시가(공정가치) 4억 원
② 식별 가능한 무형자산평가
· 브랜드 가치 3억 원
· 장기공급계약 가치 2억 원
· 특허권 가치 1억 원

**인수금
30억 원 지급**

3억 원 차이

영업권 인식 금액

**순자산
공정가치
27억 원**

**순자산 장부금액보다 더 준 돈 10억 원 중
7억 원의 정체는
공장 토지 장부가격과 시가(공정가치) 간 차액 1억 원과
식별 가능한 무형자산평가액 6억 원**

# 다양한 부채와
# 리스회계
# 바로 보기

# 스타벅스의 선수금 부채가 무려 1291억 원?

●●● 회계에서 정의하는 부채는 현재 지고 있는 의무로서, 기업이 보유한 내부 자원으로 미래에 결제해야 해야 하는 것입니다. 신뢰성 있게 측정할 수 있어야 재무제표에 부채로 올릴 수 있겠지요.

광산회사가 철강회사로부터 "석 달 내에 철광석 10톤을 두 번에 나눠 납품해 달라"는 주문과 함께 10억 원을 받았습니다. 재화(제품이나 상품)나 서비스를 제공해 주기로 하고 미리 받은 돈을 선수금이라고 합니다. 대개는 영업활동 과정에서 발생하지요. 광산회사가 받은 선수금에는 철광석을 가져다줘야 한다는 의무가 붙어 있습니다. 부채의 정의에 부합합니다.

광산회사 〈재무상태표〉에는 현금자산 10억 원 증가와 동시에 선수금 부채 10억 원 증가가 기록됩니다. 이후 1차로 철광석 4톤을 납품했다면 선수금 부채 10억 원 중 4억 원을 지웁니다. 그리고 매출 4억 원을 인식합니다. 나머지 6톤을 가져다주고 나면 선수금 잔액 6억 원을 다 지우고 매출 6억 원을 인식합니다. 영업활동에서 발생한 선수금은 이렇게 매출 전환이 예정된 부채라고 할 수 있겠네요.

㈜스타벅스커피코리아 재무제표에서 2019년 말 부채 항목을 보면 '계약부채' 1364억 원 가운데 1291억 원이 선수금입니다. 부채총액 대비 17%나 됩니다. 스타벅스에 무슨 선수금이 이렇게나 많을까요? 바로 선불충전카드와 모바일 쿠폰 때문입니다. 고객이 스타벅스 앱 등을 통해 돈을 미리 넣어놓고 결제에 사용하는 거지요. 해마다 선불충전 선수금 잔액은 증가하고 있습니다. 스타벅스 입장에서는 남의 돈을 이만큼 무이자로 사용하고 있는 셈이지요.

# [ 광산회사의 선수금 회계 처리 ]

 철강 회사

현금 10억 원(선급금)

 광산 회사

3달 내 철광석 10톤
납품 계약

자산 : 현금 10억 원
부채 : 선수금 10억 원

 철강 회사

1차 철광석 4톤 납품

 광산 회사

부채 : 선수금 잔액 6억 원
**(10억 원-4억 원)**
매출 : 4억 원 발생

 철강 회사

2차 철광석 6톤 납품

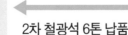

 광산 회사

부채 : 선수금 잔액 0원
**(6억 원-6억 원)**
매출 : 6억 원 발생

# 달러 빚내고 갚을 때 환율 변화가 손익에 미치는 영향

●●● 자산과 마찬가지로 부채의 가치 변화에 따라 장부가격을 조정해야 한다면, 조정액이 당기손익에 반영되는 경우가 있습니다.

(주)고칼로리가 2019년 중 외국은행에서 1달러를 빌렸습니다(환율 1500원). 장부에 차입금 부채 1500원이 기록됩니다. 연말 결산일이 되었는데, 환율이 1800원으로 변했습니다. 결산재무제표에 기록되는 차입금 부채는 1800원이 되는 거지요. 환율 변화로 300원의 외화평가손실(외화환산손실)을 본 셈입니다. 고칼로리는 이 300원을 '영업외비용'으로 처리하는데요. 회사의 이익이 그만큼 감소하겠네요.

시간이 흘러 2020년 중에 고칼로리가 1달러를 상환했다고 해 봅시다. 상환일 환율은 1600원이 되었습니다. 장부에 1800원으로 기록되어 있는 부채를 지우는데 들어간 돈이 1600원밖에 안 됩니다. 차액 200원만큼 이익을 본 셈이 되었습니다. 결제되었으니 평가이익 아니라 실현된 이익입니다. 이것을 '외환차익(또는 환차익)'이라 하고 '영업외수익'으로 처리합니다. 이익이 늘어난 효과가 생기겠네요.

고칼로리 입장에서 보면, 은행에서 1달러를 빌리고 갚는 과정에서 2019년 〈손익계산서〉에서는 300원의 이익 감소 효과, 2020년에는 200원의 이익 증가 효과를 봤습니다. 종합하면 100원의 이익이 줄었지요. 빌릴 때 환율이 1500원이었고, 갚을 때 환율이 1600원이기 때문입니다.

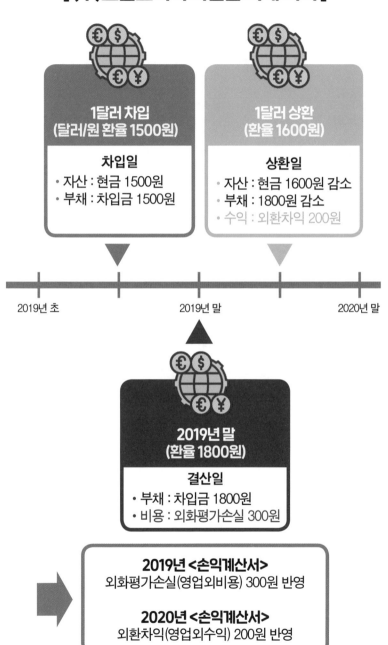

# [ (주)고칼로리의 차입금 회계 처리 ]

**1달러 차입**
**(달러/원 환율 1500원)**

**차입일**
- 자산 : 현금 1500원
- 부채 : 차입금 1500원

**1달러 상환**
**(환율 1600원)**

**상환일**
- 자산 : 현금 1600원 감소
- 부채 : 1800원 감소
- 수익 : 외환차익 200원

2019년 초    2019년 말    2020년 말

**2019년 말**
**(환율 1800원)**

**결산일**
- 부채 : 차입금 1800원
- 비용 : 외화평가손실 300원

**2019년 <손익계산서>**
외화평가손실(영업외비용) 300원 반영

**2020년 <손익계산서>**
외환차익(영업외수익) 200원 반영

# 주가가 오르면
# 손실이 늘어나는 딜레마

●●● 연성회로기판(FPCB)과 필터 사업을 하는 ㈜시노펙스는 2017년 결산
(연결재무제표) 영업이익이 249억 원이었는데, 당기순이익은 138억 원 적자를
기록합니다. 무형자산손상차손 269억 원과 전환사채(CB)에서 발생한 평가손
실 124억 원이 반영되었기 때문입니다. 액면가 100억 원짜리 CB에서 평가손
실이 124억 원이나 발생한 이유는 무엇일까요?

시노펙스가 2017년 6월 말 CB를 발행할 때 주가가 약 2000원이었는데, 그 해
12월 말 결산 시점에서 주가가 약 5000원으로, 2.5배 상승했기 때문입니다.

CB의 전환가격이 고정되어 있다면 발행주식수도 고정되겠지요. 예를 들어
A사 CB 총액면가가 1000만 원이고 전환가격이 1만 원이라면 주식으로 전환
할 때 발행주식수는 1000주입니다. 그런데 보통은 주가가 낮아질 경우 전환
가격을 낮추는 계약을 맺습니다. 리픽싱 조항이 있으면 CB에 내재된 전환권
의 가치가 고정되지 않고 변합니다.

K-IFRS에서는 리픽싱 조항이 있는 경우, 전환권 가치를 부채로 처리합니다.
예를 들어 A사 주가가 2만 원이 되었다면 투자자가 전환권을 행사하면 싼 가
격(전환가격 1만 원)에 비싼 주식을 줘야 하니 회사 부담이 늘어난 것으로 봅
니다. 전환권 가치라는 것은 원금과 이자를 지급해야 하는 전환사채 안에 내
재된 또 하나의 부채이기 때문에 '파생상품부채'라고 합니다. 파생상품부채
(전환권 가치)가 늘어나면 그만큼 파생상품평가손실이 같이 늘어납니다.

기업은 불만입니다. 주가가 상승한 것은 좋은 일인데 그에 따라 현금이 나가
지도 않을 부채와 평가손실 때문에 당기순이익이 나빠지기 때문입니다.

## [ 전환사채(CB)의 파생상품부채 발생 ]

CB의 전환가격이 고정되어 있다면
발행주식수도 고정

▼

리픽싱 조항이 있으면
CB에 내재된 전환권의 가치가
고정되지 않고 변동

▼

리픽싱 조항이 있는 경우
전환사채에 내재된 전환권의 가치는
'부채'로 반영

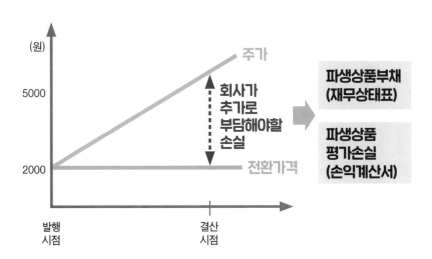

# 영업적자 나도
# 당기순이익 흑자 내는
# 상조회사의 비결

●●● 상조회사의 〈재무상태표〉와 〈손익계산서〉를 잘 보세요. 영업에서는 적자인데, 당기순이익을 내는 회사들이 꽤 있을 겁니다. 그렇다면 영업외비용보다 영업외수익이 꽤 크다는 것을 짐작할 수 있습니다. 영업외수익 중 금액이 가장 큰 항목이 이자수익입니다. 이자수익의 원천은 바로 선수금입니다.

상조회사의 선수금은 회원들에게 상조서비스를 제공하기로 하고 매월 받은 회비입니다. 나중에 회원이 상을 당해 상조서비스를 제공하면 그만큼 매출로 인식하는 구조입니다. 상조회사들은 이 선수금을 금융상품에 투자해 이자수익(영업외수익)을 얻습니다. 이것이 당기순이익의 일등공신입니다.

업계 1위 상조업체 (주)프리드라이프의 2017년과 2018년 〈연결손익계산서〉를 보세요. 영업적자를 냈지만 영업외수익이 많아 당기순이익을 기록했습니다. 그리고 영업외수익의 절반 이상이 이자수익입니다.

2018년 말 기준 자산 8850억 원 가운데 단기금융상품에 1379억 원, 매도가능증권에 2200억 원이 투자되어 있습니다. 매도가능증권 대부분이 국채나 회사채입니다. 이자를 받을 수 있는 금융상품에 총 3579억 원 정도가 들어가 있다는 거지요. 자산 내 비중이 40%가 조금 넘습니다. 금융상품 투자금의 원천은 '부금선수금'입니다. 부채 8644억 원 가운데 부금선수금이 8235억 원을 차지하고 있습니다. 95% 비중입니다.

# [ (주)프리드라이프 연결손익계산서 ]

(단위 : 억 원)

| 구분 | 2017년 | 2018년 |
|---|---|---|
| 영업수익 | 668 | 687 |
| 영업비용 | 767 | 809 |
| 영업이익(손실) | (99) | (122) |
| 영업외수익 | 157 | 233 |
| 이자수익 | 97 | 120 |
| 영업 외 비용 | 34 | 27 |
| 당기순이익 | 18 | 72 |

# [ (주)프리드라이프 연결재무상태표 ]

(단위 : 억 원)

| | |
|---|---|
| 자산총계 | 8850 |
| 단기금융상품 | 1379 |
| 매도가능증권 | 2200 |
| 부채총계 | 8644 |
| 부금선수금 | 8235 |

# [ (주)프리드라이프 이자수익 발생 구조 ]

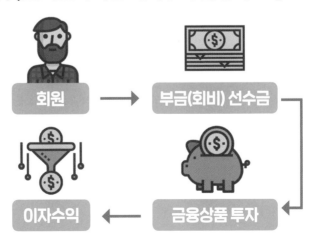

회원 → 부금(회비) 선수금

이자수익 ← 금융상품 투자

# 선수금과 선수수익 구별해보기 – 삼성중공업, 메가스터디

●●● 배는 선주사의 주문을 받은 뒤 제작에 들어가기 때문에 건조 비용을 미리 받습니다. 그래서 조선업체 부채 중에는 선수금이 많은 편입니다. 선박 선수금은 건조 계약 시점부터 최종 인도 시점까지 일반적으로 다섯 번에 걸쳐 나눠 받는다고 합니다. 계약 시점에 총 건조대금의 20%, 중간에 세 번에 걸쳐 각각 10%씩, 그리고 선박을 인도할 때 나머지 50%를 받습니다. 이렇게 인도 시점에 배값의 50% 이상을 지불하는 '헤비테일(Heavy Tail : 꼬리가 무거움)' 방식이 일반적입니다. 불황기에는 선수금으로 10%, 인도 시점에 배값의 90% 이상을 내는 과도한 헤비테일 계약을 하는 경우도 있습니다.

2004~2008년 조선업 호황기, 2016~2019년 침체기의 삼성중공업 선수금 규모와 부채총계 대비 선수금 비중을 한번 보세요. 호황기에는 부채총계 대비 선수금 비율이 무려 60~70%대였습니다. 그런데 극심한 침체기에 들어가니까 5% 밑으로 수직낙하 했습니다. 2018년 이후 조금 회복세를 보였네요.

선수금과 아주 비슷한 계정으로 선수수익이라는 것이 있습니다. 달봉이가 메가스터디학원에 '수포자 탈출' 3개월 강의료로 30만 원을 냈습니다. 학원이 받은 돈에는 3개월 강의(용역서비스) 제공 의무가 붙어있지요. 그래서 학원은 현금 30만 원 증가와 함께 '선수수익'이라는 부채 30만 원을 기록합니다. 선수수익은 '수익'이라는 단어 때문에 매출로 오해하기 쉬운데요. 부채입니다! 정해진 기간이 경과함에 따라 수익(매출)이 되는 부채를 선수수익이라고 합니다. 1개월이 지날 때마다 선수수익 부채 10만 원을 줄이고 강의매출 10만 원을 인식하면 되겠지요.

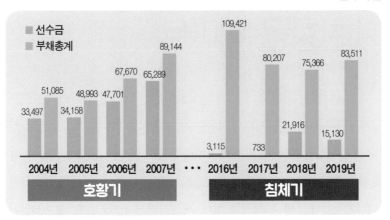

## 삼성중공업 조선 호황기와 침체기 선수금과 부채총계 추이

(단위 : 억 원)

■ 선수금
■ 부채총계

109,421

89,144

80,207

75,366

83,511

67,670

65,289

51,085

48,993 47,701

33,497

34,158

21,916

15,130

3,115

733

2004년  2005년  2006년  2007년 ··· 2016년  2017년  2018년  2019년

호황기                          침체기

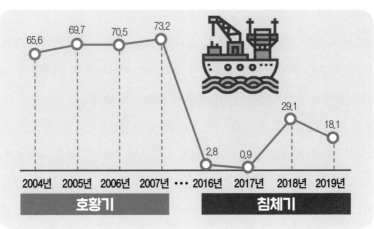

## 삼성중공업 조선 호황기와 침체기 부채총계 대비 선수금 비율

(단위 : %)

65.6    69.7    70.5    73.2

29.1

18.1

2.8    0.9

2004년  2005년  2006년  2007년 ··· 2016년  2017년  2018년  2019년

호황기                          침체기

# 포인트와 마일리지 주면
# 매출과 부채 동시 발생
# – 대한항공, 이마트

●●● 다있어마트는 구매금액 100원당 1포인트를 적립해 줍니다. 1포인트의 가치가 1원이라고 해 봅시다. 고객은 포인트를 가지고 마트의 다른 물건을 살 수 있습니다. 다있어마트가 해봉이에게 1만 원짜리 캔맥주 세트를 팔았다면, 매출로 1만 원을 인식하면 될까요?

답은 9900원입니다. 1만 원어치를 팔면 해봉이에게 100포인트 즉 100원이 적립됩니다. 마트는 해봉이에게 100원에 해당하는 상품을 제공해야 할 의무를 지게 되었지요. 그래서 매출로는 9900원만 반영하고, 100원은 이연수익이라고 해 부채로 잡습니다. 해봉이가 100포인트를 사용하는 시점까지 수익 인식을 미뤄놓았다는 의미로 해석하면 되겠습니다. 이연수익에 해당하는 100원은 상품 제공 의무를 지고 미리 받은 돈이나 다름없어서 선수금이라고 해도 무방합니다.

항공사의 마일리지 적립이 이와 거의 유사합니다. 항공사는 고객이 보유한 마일리지 포인트만큼 항공권이나 제휴사 서비스를 제공해야 할 의무를 집니다. 따라서 마일리지 가치만큼을 이연수익 부채로 인식합니다.

2019년 말 현재 대한항공이 〈연결재무상태표〉에 인식한 이연수익 부채는 총 2조 4254억 원입니다. 이 안에는 마일리지 만기 1년 이내의 '유동성 이연수익' 6519억 원이 포함되어 있습니다. 아시아나항공은 〈연결재무상태표〉 기준으로 8053억 원의 이연수익(유동성 이연수익 1090억 원 포함)이 있는데요. 이 금액을 모두 장기선수금과 단기선수금 계정에 포함시켰습니다.

# [ 다있어마트의 이연수익 인식 과정 ]

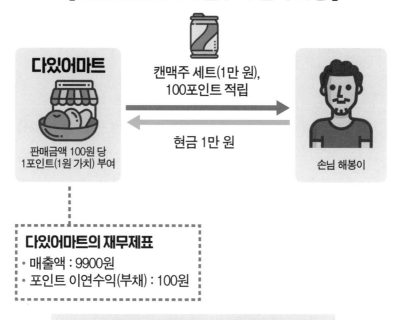

이연수익 발생 ➡ 부채 증가
이연수익 제거 ➡ 부채 감소, 매출 발생

# [ 대한항공 마일리지 부채 잔액(이연수익)]

(단위 : 억 원)

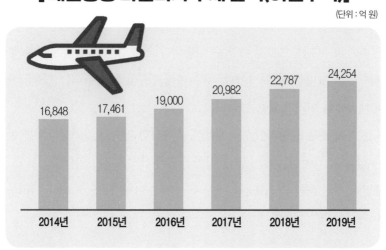

# 빌려 써도 어떨 땐 내 자산,
# 어떨 땐 남의 자산 – 옛 리스회계

●●● 기계 설비나 건물, 선박, 항공기 등을 빌려 사용하는 것을 리스(lease)라고 합니다. (주)색동항공이 항공기 리스회사 (주)에어렌탈로부터 항공기 1대를 리스한다고 가정해 봅시다. 리스 기간은 5년이고, 색동항공은 매년 리스료를 내다가 리스 기간이 끝나면 항공기를 반납하기로 했습니다. 과거 리스회계기준을 따르면 색동항공은 매년 내는 리스료를 '비용'으로 처리하면 됩니다. 그럼 매출원가로 반영되겠지요. 이런 계약을 운용리스라고 합니다.

다른 경우를 한번 봅시다. 색동항공이 항공기를 10년 동안 리스하고, 기간이 끝나면 에어렌탈로부터 매입하기로 계약했다고 해 봅시다. 말하자면 색동항공은 이 항공기를 소유할 계획이었던 거지요. 과거 리스회계기준을 따르면 색동항공은 이런 경우 항공기를 재무제표에 자기의 '자산'으로 잡아야 합니다. 동시에 에어렌탈에 내야 하는 10년간의 리스료 총액은 '부채'로 잡습니다. 이것을 금융리스라고 합니다.

금융리스는 우리가 자동차를 사는 것과 비슷합니다. 계약금을 조금 내면 자동차를 자기 소유 재산으로 등록할 수 있습니다. 그리고 남은 금액은 할부 부채가 되어 꼬박꼬박 갚아 나가야 합니다. 이때 할부금융사에 내는 할부금은 자동차 대금에다 이자가 붙은 금액이지요.

항공기를 자기 소유 유형자산으로 장부에 기록하면 앞으로 감가상각비를 반영해야 합니다. 감가상각되는 만큼 항공기 장부가격은 감소합니다. 그리고 에어렌탈에 매년 내는 리스료는 리스부채 상환과 이자비용으로 회계 처리하면 됩니다.

# [ 운용리스(구 리스회계기준) ]

항공기 리스

**색동항공**
리스 이용회사

**에어렌탈**
리스 제공회사

- 리스 기간 5년
- 매년 리스료 납부
- 리스 종료 뒤 항공기 반납 조건

연간
리스료
납부

 리스료 ➡ 비용 처리 ➡ 매출원가에 반영

- 재무상태표 : 현금 감소
- 손익계산서 : 매출원가 발생

# [ 금융리스(구 리스회계기준) ]

항공기 리스

**색동항공**
리스 이용회사

**에어렌탈**
리스 제공회사

- 리스 기간 10년
- 매년 리스료 납부
- 리스 종료 뒤 항공기 매입 조건

연간
리스료
납부

 비행기 ➡ 유형자산

 총리스료 ➡ 리스부채

- 재무상태표 : 현금 감소, 리스부채 감소, 유형자산(항공기) 감소
- 손익계산서 : 유형자산 감가상각비와 리스부채의 이자비용 발생

# CJ CGV와 아시아나항공, 부채비율 왜 껑충 뛰었나 -새 리스회계

● ● ● 2019년 결산재무제표부터 적용되는 K-IFRS 신리스회계기준에서는 '운용리스'를 인정하지 않습니다. 예를 들어 5년간 무조건 내야 하는 총리스료는 사실상 부채나 다름없는데도 매년 지출하는 리스료만큼만 비용으로 처리한다면 부채의 존재가 감춰지는 셈이 된다는 거지요. 이에 따라 모든 리스거래에서 색동항공과 같은 리스 이용회사는 리스자산과 리스부채를 장부에 반영하도록 했습니다. 법적 소유자는 엄연히 에어렌탈과 같은 리스 제공회사이기 때문에 이 리스 자산에는 '사용권 자산'이라는 이름을 붙였습니다. 리스 기간에 독점적으로 사용할 권리이자 실체가 있는 자산이므로 유형자산의 한 종류로 분류하게 했습니다.

신리스회계기준에 따르면 색동항공은 사용권 자산과 리스 기간에 내야 할 총리스료인 리스부채를 장부에 기록해야 합니다. 사용권 자산에서는 감가상각비(매출원가 또는 판관비에 반영)가 발생합니다. 사용권 자산 장부가격은 그만큼 점점 감소하겠지요. 해마다 리스료를 내는 만큼 리스부채도 줄어듭니다. 그리고 이 과정에서 이자비용(영업외비용)이 발생하지요.

이렇게 리스회계기준이 바뀌면 운용리스를 많이 사용하던 항공사나 해운사 등은 부채비율(부채/자본)이 쑥 올라갑니다. 자본은 그대로인데 리스부채가 급증하니까요. 2019년 1분기에 CJ CGV는 부채비율이 372%포인트가량 증가했습니다. 직영 영화관의 장기계약 임차료 총액이 리스부채로 반영된 탓이지요. 선박, 건물, 기계장치에서 두루 리스를 활용하던 현대상선이 328%포인트, 아시아나항공도 245%포인트 부채비율이 증가했습니다.

# [ K-IFRS 신리스회계기준 ]
## (2019년 결산부터 적용)

- 운용리스 인정 안 함
- 모든 리스의 회계 처리 기준 통일

항공기 리스

**색동항공**
리스 이용회사

**에어렌탈**
리스 제공회사

- 리스 기간 5년
- 매년 리스료 납부
- 리스 종료 뒤 항공기 반납 조건

연간 리스료 납부

비행기 ➡ 사용권 자산

총리스료 ➡ 리스부채

- 재무상태표 : 현금 감소, 리스부채 감소, 사용권 자산(항공기) 감소
- 손익계산서 : 사용권 자산 감가상각비와 리스부채의 이자비용 발생

# 약속도 부채가 될 수 있다!
# 충당부채

●●● 건설사가 아파트를 지어 분양했습니다. 입주민들에게 아파트 하자가 발생하면 2년간 무상으로 하자보수를 해 주겠다고 약속했습니다. 건설사 입장에서는 언제, 어떤 형태의 하자가 나타날지 알 수 없습니다. 그리고 하자보수에 얼마의 비용이 들어갈지도 정확하게 알 수 없습니다. 그래도 건설사는 하자보수 의무를 재무제표에 부채로 반영해야 합니다. 이것을 충당부채라고 합니다.

회사가 지고 있는 의무를 언제, 누구를 대상으로 이행해야 할지, 그리고 얼마의 비용이 들어갈지 정확하게 알 수는 없어도 비용이 발생할 가능성이 높고, 그 금액을 상당히 신뢰성 있게 추정할 수 있다면 부채로 인식해야 한다는 거지요. 건설사는 과거 축적된 경험과 데이터를 바탕으로 2년 동안 발생할 하자보수 비용을 신뢰성 있게 추정할 수 있다고 봅니다.

예를 들어 (주)튼튼건설이 2019년 초 준공·분양한 아파트의 하자보수에 2년 동안 10억 원을 투입해야 할 것으로 예상한다고 해 봅시다. 회사는 10억 원의 하자보수충당부채를 설정하겠지요. 그리고 10억 원만큼을 〈손익계산서〉에서는 하자보수비용으로 처리합니다. 부채의 순증가는 비용 발생으로 인식되어 이익을 감소시키겠지요.

자동차를 100대 판매하고 3년 무상수리 보증을 했다고 해 봅시다. 100대에서 예상되는 3년간 무상수리비용 5억 원을 판매보증충당부채(무상수리충당부채)로 계상하고, 〈손익계산서〉에서는 판매보증비로 처리하면 됩니다.

# 하자보수충당부채와 판매보증충당부채

## [ 건설사의 하자보수충당부채 ]

**(주)튼튼건설**

아파트 분양

2년 무상 하자보수 약속

아파트 준공,
분양 입주

- 2년 동안 하자보수
  발생 가능성 높음
- 보수 비용 신뢰성 있게
  추정 가능(과거 경험과
  데이터 바탕으로 추정)

**- 예시 -**
- 재무상태표 : 하자보수
  충당부채 10억 원 설정
- 손익계산서 : 하자보수비
  10억 원 반영(예상 비용
  먼저 반영)

## [ 자동차 회사의 판매보증충당부채 ]

**자동차회사**

차량 100대 판매(50억 원)

3년 무상수리 보증

**소비자**

- 3년 동안 무상수리
  발생 가능성 높음
- 수리 비용 신뢰성 있게
  추정 가능(과거 경험과
  데이터 바탕으로 추정)

**- 예시 -**
- 재무상태표 : 판매보증
  충당부채(무상수리충당
  부채) 5억 원 설정
- 손익계산서 : 무상수리비
  5억 원 반영(예상 비용
  먼저 반영)

# 아시아나항공 감사의견 '한정', 발목 잡았던 것은?

●●● 내 차를 내가 몰고 다니면 차량을 정비할지 말지는 내 마음에 달려 있습니다. 몇 년간 한 번도 정비를 받지 않아도 상관없다는 거지요. 만약 렌터카 회사로부터 차를 3년 장기렌트했고, 1년에 한 번씩 엔진을 포함해 차량 전반에 대해 자기 부담으로 정비하기로 계약했다고 가정해 봅시다. 그렇다면 차량 정비는 나의 의무가 되고, 정비 비용을 정확하게 알 수는 없어도 제법 정확하게 추정해 볼 수는 있지요. 즉, 정비충당부채가 나에게 발생한다는 겁니다.

2019년 3월, 당시 아시아나항공의 외부감사인인 삼일회계법인이 2018년 재무제표에 대해 감사의견 '한정'을 줬습니다. 재무제표의 일부 항목에 대해 적정성을 판단할만한 충분하고 적합한 자료를 받지 못했다는 거였지요.

이때 삼일 측이 지적한 내용 중 하나가 바로 항공기 정비충당부채였습니다. 항공사는 리스사로부터 비행기를 리스할 때 자기 부담으로 정비하겠다고 약속합니다. 리스사에 나중에 비행기를 돌려줄 때는 외관과 내부 인테리어 등을 원상태로 만들어야 합니다. 그 예상 비용은 복구충당부채로 반영합니다. 삼일과 아시아나는 정비충당부채 인식 방법과 금액 등에서 큰 이견을 보였던 것으로 알려졌습니다.

실제 항공사 재무제표에 잡힌 항공기 정비충당부채를 한번 봅시다. 대한항공은 2019년 말 임차기 정비충당부채로 총 2423억 원을 계상했습니다. 이 가운데 유동성(1년 내 결제 의무) 금액이 492억 원, 비유동성 금액이 1931억 원입니다. 제주항공은 유동부채 항목의 임차기 정비충당부채로 620억 원, 비유동부채 항목에는 1472억 원을 계상해 놓았습니다.

# [ 정비충당부채 ]

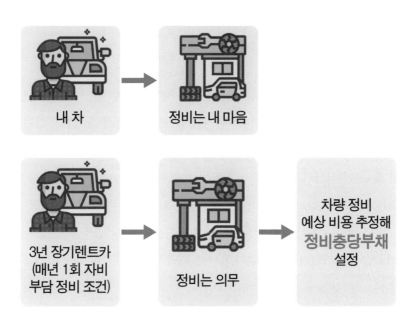

내 차 → 정비는 내 마음

3년 장기렌트카
(매년 1회 자비
부담 정비 조건) → 정비는 의무 → 차량 정비
예상 비용 추정해
정비충당부채
설정

# [ 대한항공과 제주항공 임차기 정비충당부채 ]

(2019년 말 기준, 단위 : 억 원)

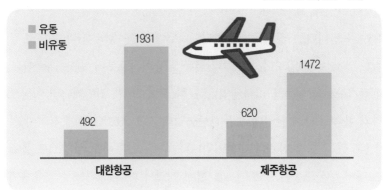

■ 유동
■ 비유동

대한항공: 492, 1931
제주항공: 620, 1472

# 태생은 장기부채였지…
# 두산중공업 유동성 장기부채

●●● 유동부채는 1년 이내에 갚아야 하는 부채, 비유동부채는 만기가 1년 이상 남은 부채를 말합니다. 그런데 재무제표를 보면 '유동성 장기부채'라는 항목이 있습니다.

2018년 말 (주)항정살의 비유동부채 항목에 은행 대출금(100억 원, 만기일 2020년 6월 말)과 회사채(200억 원, 만기일 2021년 말)가 있다고 해 봅시다. 대출금은 '장기차입금'이라는 이름으로 계상되어 있겠지요. 2019년 말 결산을 할 때 은행 장기차입금은 만기가 1년 이내가 됩니다. 따라서 100억 원은 이제 장기차입금이 아니라 '유동성 장기부채'라는 이름을 달고 유동부채 항목으로 이적합니다. 2020년 말 결산을 할 때는 회사채도 유동성 장기부채가 되어 비유동부채 항목에서 유동부채 항목으로 이적합니다.

두산중공업의 2019년 재무제표(개별기준) 부채 항목을 볼까요. 부채총계가 7조 9202억 원인데, 1년 이내 갚아야 할 유동부채(6조 7009억 원) 비중이 높습니다. 85%나 됩니다. 가장 급한 것이 단기차입금(2조 6598억 원)과 유동성 장기부채(1조 5292억 원)입니다. 단기차입금은 금융회사로부터 받은 대출이고, 유동성 장기부채는 대부분 회사채입니다. 회사채는 대개 만기가 3년 이상으로 중장기 자금 조달 수단인데요. 두산중공업의 경우 2020년 중에 갚아야 할 금액이 1조 원을 훌쩍 넘는다는 의미입니다. 못 갚으면 부도 상황으로 몰립니다. 그래서 두산그룹은 2020년 6월 현재 계열사 매각 계획을 산업은행에 제시하고 정부로부터 금융 지원을 받기로 했습니다.

# [ (주)항정살 부채 구성 변화 ]

(단위 : 억 원)

## 2018년 말 비유동부채
- 은행 대출금(100억 원, 만기일 2020년 6월 말)
- 회사채(200억 원, 만기일 2021년 말)

**2018년 말**

| 구분 | 금액 |
|---|---|
| 유동부채 | - |
| 비유동부채 | 300 |
| 장기차입금(은행 대출) | 100 |
| 회사채 | 200 |
| 부채총계 | 300 |

이동

**2019년 말**

| 구분 | 금액 |
|---|---|
| 유동부채 | 100 |
| 유동성 장기부채(은행 대출) | 100 |
| 비유동부채 | 200 |
| 회사채 | 200 |
| 부채총계 | 300 |

이동

**2020년 말**

| 구분 | 금액 |
|---|---|
| 유동부채 | 200 |
| 유동성 장기부채(회사채) | 200 |
| 비유동부채 | |
| 부채총계 | 200 |

# [ 두산중공업 2019년 말 부채 ]
# (개별재무제표 기준)

| 구분 | 금액 |
|---|---|
| 유동부채 | 6조 7009억 원 |
| 매입채무 | 8915억 원 |
| 단기차입금 | 2조 6598억 원 |
| 유동성장기부채 | 1조 5292억 원 |
| 비유동부채 | 1조 2193억 원 |
| 장기차입금 | 4841억 원 |
| 부채총계 | 7조 9202억 원 |

# CHAPTER
# 07

# 독(毒)도 되고
# 약(藥)도 되는
# 지분법회계

# SK텔레콤,
# 시장가치 8조 원대 지분을
# 장부에 11조 원대로
# 기록하는 이유

●●●● SK텔레콤은 2012년 초 하이닉스반도체 지분 20%를 3조 3700억 원에
인수하고 사명을 SK하이닉스로 바꾸었습니다. SK텔레콤은 장부에 하이닉스
반도체 지분 취득원가로 3조 3700억 원을 기록합니다.

SK하이닉스는 상장회사입니다. 상장사 가치는 주가로 평가할 수 있습니다.
따라서 SK텔레콤이 가진 SK하이닉스 지분 20% 가치는 주가 흐름에 따라 계
속 바뀝니다.

2018년 말 주가를 기준으로 한 SK하이닉스 지분 20% 가치는 8조 8390억 원
입니다. 그렇다면 SK텔레콤의 2018년 결산재무제표상 SK하이닉스 지분 장
부가격도 8조 8390억 원으로 기록해야 맞을 것 같습니다. 그런데 실제 장부
가격은 11조 2080억 원입니다. 어떻게 된 것일까요?

# SK텔레콤의 SK하이닉스 지분 시장가격과 장부가격은 왜 다를까?

## 2012년

### [ SK텔레콤, 하이닉스반도체 지분 인수 ]

취득원가
3조 3700억 원

20%

SK텔레콤 → 하이닉스 반도체

## 2018~2019년

### [ SK하이닉스 지분 시장가격과 장부가격 ]

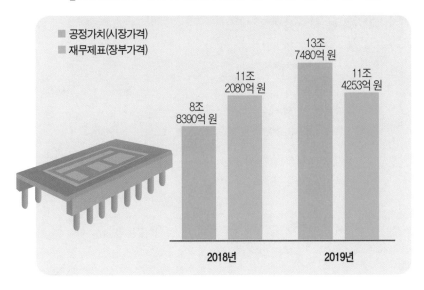

■ 공정가치(시장가격)
■ 재무제표(장부가격)

8조 8390억 원

11조 2080억 원

13조 7480억 원

11조 4253억 원

2018년　　　2019년

회사가 가진 자산은 원칙적으로 '공정가치(fair value)'를 측정해 기록해야 합니다. 공정가치는 말 그대로 '공정한 가치'라는 뜻이 내포되어 있습니다. 가장 공정한 가치는 누구나 인정하는 공개시장에서 거래되는 가격일 것입니다. 회사 금융자산을 예로 들어봅시다. 채권(회사채나 국채)이나 다른 회사 지분(주식) 같은 것들이지요. 채권은 일반적으로 채권시장에서의 거래되는 가격이 있습니다. 상장 주식은 거래소 시장에서의 거래가격이 있으므로 이 가격을 공정가치로 보면 됩니다.

그런데 누구나 인정하는 공개시장이 없는 비상장 주식은 어떨까요? 이런 주식은 '현금흐름할인법*' 같은 별도의 가치평가법을 적용해 산출한 값을 공정가치로 인정합니다.

별도 가치평가법조차 적용하기 어려운 회사 지분이 있을 수 있습니다. 이것들은 어쩔 수 없이 취득원가를 계속해 기재합니다. 그렇다면 SK하이닉스 지분의 증권시장 거래가격(공정가치)과 SK텔레콤 장부에 적혀 있는 SK하이닉스 지분 가치(장부가격)는 왜 다를까요?

---

*현금흐름할인법 : 기업의 미래현금흐름을 추정하고 여기에 적정한 할인율을 적용해 기업의 수익가치를 산출하는 방법으로 기업 가치를 구하는 기법

# [ 투자 지분의 장부가격은 어떻게 산정할까? ]

| 투자 지분의 장부가격 | → | 일반적으로 '공정가치'로 평가 |

## 공정가치
합리적 거래를 전제로 판매자와
거래자가 자산을 거래할 수 있는 가격

| 거래시장이 있을 경우 공정가치 | 거래가격<br>예 : 증권시장의 주가 |
|---|---|
| 거래시장이 없을 경우 공정가치 | 별도의 평가법 적용<br>예 : 현금흐름할인법 평가 |
| 공정가치를 별도로 평가할 수 없을 경우 | 원가법<br>(취득원가로 계속해 기재) |

# 지분율 20% 기준으로
# 신분이 변한다! 관계기업과 지분법

●●● 2015년 초에 가습기 제조업체 ㈜촉촉이 유통업체 ㈜헬로마트의 지분을 30억 원에 매입했습니다. 헬로마트는 증권시장 상장회사라고 가정해 봅니다. 공정가치(주가)가 명확하지요. 2015년 말 헬로마트 지분 가치가 40억 원이라면, 촉촉은 〈재무상태표〉에서 헬로마트 장부가격을 40억 원으로 상향 조정해야 합니다. 자산 장부가격이 10억 원 증가했네요. 그렇다면 〈손익계산서〉에서 투자주식 평가이익(영업외수익 항목)으로 10억 원을 반영하면 됩니다. 2016년 말 결산 때는 지분 가치가 25억 원으로 떨어졌다면 자산 장부가격을 40억 원에서 25억 원으로 고치고, 15억 원의 '투자주식 평가손실(영업외비용 항목)'로 반영하면 됩니다. 2017년 중에 헬로마트 지분을 30억 원에 매각했다면 5억 원의 '투자주식 처분이익'이 생깁니다.

그런데 촉촉이 2015년 초 매입한 헬로마트 지분율이 30%였다면 얘기가 달라집니다. 일반적으로 취득 지분이 20%를 넘으면 "촉촉은 헬로마트에 대해 유의적 영향력을 가진다"고 말합니다. 헬로마트의 영업이나 재무 정책 등 중요한 경영 의사 결정에 촉촉이 상당한 영향력을 행사할 수 있다고 보는 겁니다. 예를 들어 촉촉은 헬로마트에 영향력을 행사해 자사 가습기를 대량으로 떠넘기고 〈손익계산서〉를 좋게 만들 수 있습니다. 배당을 많이 달라고 압력을 넣을 수도 있겠지요.

그래서 회계기준에서는 '유의적인 영향력'을 가진 지분에 대해서는 일반적인 공정가치로 장부가격을 정하지 말라고 합니다. 헬로마트의 순자산 변화와 연동하는 방법을 사용하게 하는데요. 이게 바로 '지분법'입니다.

# [ (주)촉촉 매입 주식의 장부가격 변화 ]

2015년 초
(주)헬로마트 지분 매입

매입가격(취득원가)
30억 원

(주)헬로마트
(상장사)

## | 장부가격 반영 |

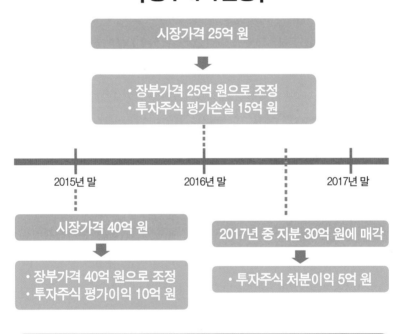

시장가격 25억 원

- 장부가격 25억 원으로 조정
- 투자주식 평가손실 15억 원

2015년 말　　　　2016년 말　　　　2017년 말

시장가격 40억 원

2017년 중 지분 30억 원에 매각

- 장부가격 40억 원으로 조정
- 투자주식 평가이익 10억 원

- 투자주식 처분이익 5억 원

**촉촉이 매입한 헬로마트 지분이 30%라면?**

**장부가격 평가는 시장가격(공정가치) 배제
지분법 적용**

# 지분 30% 가진 기업이 당기순이익을 내면 어떻게 회계 처리할까?

● ● ● (주)헬로마트가 가진 자산에서 부채를 뺀 금액을 '순자산'이라고 합니다. 순자산은 자본이라는 말과 같습니다. 자본에 대해서는 8장에서 자세히 다룰 겁니다. 순자산(자본)은 회사의 주인인, 주주 몫이 모두 얼마인지를 나타냅니다.

2015년 말 헬로마트가 〈손익계산서〉 결산을 했더니 당기순이익으로 10억 원이 산출되었다고 합시다.

당기순이익은 주주의 것이지요. 그래서 〈손익계산서〉의 당기순이익은 〈재무상태표〉의 자본으로 이동합니다. 당기순이익은 자본 안에 '이익잉여금'이라는 항목에 축적됩니다.

헬로마트가 당기순이익 10억 원을 내면 자본이 10억 원만큼 증가하겠지요. 반대로 당기순손실 10억 원을 내면 자본이 10억 원만큼 감소합니다. 당기순손실은 마이너스 이익잉여금이 되기 때문입니다.

# [ 당기순이익(순손실)과 자본의 관계 ]

## 자산 = 자본 + 부채

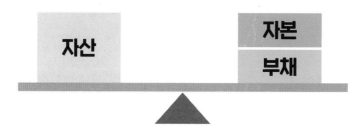

자산 – 부채 = <u>순자산(자본)</u>

↓

주주의 몫

당기순이익 ➡ 주주의 몫 ➡ 자본

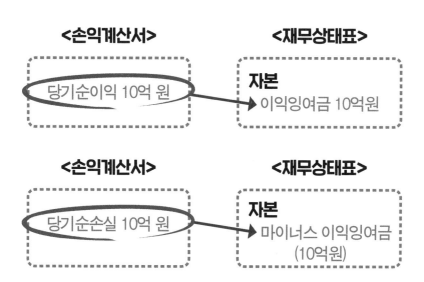

**&lt;손익계산서&gt;**

당기순이익 10억 원

**&lt;재무상태표&gt;**

**자본**
이익잉여금 10억원

**&lt;손익계산서&gt;**

당기순손실 10억 원

**&lt;재무상태표&gt;**

**자본**
마이너스 이익잉여금
(10억원)

앞서 2015년 초에 촉촉이 헬로마트 지분 30%를 30억 원에 매입했다고 했습니다. 촉촉은 헬로마트 지분의 장부가격으로 30억 원(취득원가)을 기록합니다.

헬로마트의 2015년 말 결산 결과 당기순이익이 10억 원 났습니다. 그래서 헬로마트의 순자산(자본)이 10억 원 증가합니다. 순자산은 주주의 몫을 나타낸다고 했으니, 증가한 순자산(10억 원)의 30%인 3억 원은 촉촉의 몫이라고 할 수 있습니다. 따라서 촉촉은 헬로마트 투자주식 장부가격을 33억 원(30억 원 +3억 원)으로 상향 조정합니다.

자산(투자주식)의 장부가격 증가분 3억 원을 〈손익계산서〉에서는 '지분법이익'이라는 항목으로 반영합니다. 만약 헬로마트가 당기순손실 10억 원을 냈다면 장부가격은 27억 원(30억 원-3억 원)이 되고 '지분법손실' 3억 원을 반영해야 합니다.

이렇게 지분법회계를 하면, 촉촉이 영향력을 행사해 헬로마트에게 제품을 일방적으로 떠넘겼다가 헬로마트의 손익이 나빠지면 촉촉도 지분율만큼 부메랑을 맞을 수 있습니다.

# [ 지분법회계 ]

(주)촉촉

**2015년 초 헬로마트 지분 30%를 30억 원에 매입**

| 2015년 말 헬로마트 당기순이익 10억 원 |  | 헬로마트 자본(순자산) 10억 원 증가 |  | 증가한 헬로마트 순자산의 30%(3억 원)는 촉촉 몫 |

2015년 말 장부가격에 반영

**촉촉 <재무상태표>**

헬로마트 지분가치 증가로 장부가격 상향 조정 30억 원+3억 원=33억 원

**촉촉 <손익계산서>**

증가한 장부가격 3억 원 만큼 '지분법이익'으로 반영

# 지분율 20%가 안 되는데 유의적 영향력이 있다고?

●●● 지분법회계는 촉촉이 헬로마트의 순자산(자본) 변화액을 지분율만큼 반영하는 것입니다. 회사영업 활동의 결과물은 아니므로 〈손익계산서〉에서 영업이익 아랫단에 기록합니다. 헬로마트의 순자산에 변화를 가져오는 대표적인 경우가 당기순이익(또는 순손실)입니다. 그래서 헬로마트가 당기순이익(또는 순손실)을 내면 지분율만큼 촉촉에게 지분법이익(또는 손실)이 생긴다고 생각하면 됩니다.

'유의적 영향력'을 행사할 수 있는 대상 기업 즉 헬로마트와 같은 회사를 촉촉의 '관계기업'이라고 합니다. 관계기업에 대해서는 지분법을 적용한다고 보면 되는 거지요. 일반적으로 지분율이 20% 이상, 50% 이하면 관계기업으로 분류합니다. 50%를 초과하면 헬로마트는 '종속기업'이 되어 촉촉과 연결회계를 해야 합니다. 지분율이 20%가 안 되어도 관계기업으로 분류할 수 있습니다. 촉촉 임원이 헬로마트 이사회의 임원을 겸직하고 있거나, 촉촉이 헬로마트 이사회 임원 선임권을 가지고 있는 경우입니다. 헬로마트에게 매우 중요한 기술을 제공하고 있는 경우에도 유의적 영향력을 행사할 수 있다고 보고 관계기업으로 분류하지요.

오른쪽 그림을 보면 A사는 C사에 대한 직접지분이 15%밖에 안 됩니다. 그런데 A사가 지배(지분율 50% 초과)하고 있는 B사 역시 C사 지분을 5% 가지고 있습니다. 그렇다면 A사는 C사에 대해 직접지분 15%와 간접지분 5% 등 총 20%의 지분에 해당하는 유의적 영향력을 행사할 수 있습니다. 이런 경우에도 A사는 C사를 관계기업으로 분류할 수 있습니다.

# (주)촉촉이 (주)헬로마트를 관계기업으로 분류할 수 있는 요건

**1** 지분율 20% 이상, 50% 이하

**2** 지분율이 20% 미만일 경우
① 촉촉 임원이 헬로마트 이사회 임원을 겸직하는 등 경영진 교류
② 촉촉이 헬로마트 이사회 임원 1명 이상에 대한 선임권을 갖는 등 이사회에 참여할 수 있는 권리가 있는 경우
③ 촉촉이 헬로마트에게 아주 중요한 기술을 제공하고 있는 경우
④ 헬로마트가 촉촉과 중요한 거래를 하고 있어 경제적 의존도가 높은 경우

**3** 직접지분과 간접지분을 합쳐 지분율이 20% 이상인 경우

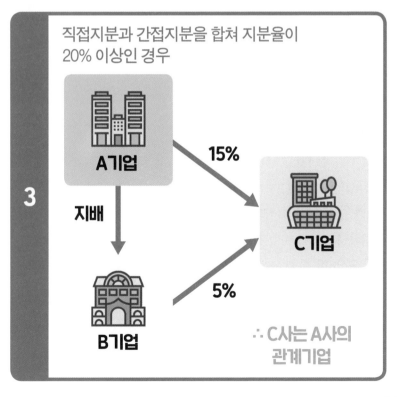

# 삼성출판사, 고마워 아기상어!

●●● 삼성출판사는 교육용 모바일 애플리케이션(앱) 제작업체 스마트스터디 지분을 22%(2019년 말 기준) 보유하고 있습니다. 스마트스터디를 관계기업으로 분류해 지분법을 적용하고 있지요.

스마트스터디가 유아교육 콘텐츠 '핑크퐁'을 통해 내놓은 〈아기상어(상어가족)〉 동요는 전 세계적인 히트를 쳤습니다. 관련 캐릭터 용품 및 앱 판매 등으로 회사는 최근 많은 이익을 내고 있습니다. 아기상어 관련 앱은 16개국 언어로 서비스 중인데요. 다운로드 2억 회를 기록해 전 세계 교육앱 중 매출 선두권을 달린다고 합니다. 아기상어는 켈로그(시리얼)와 네슬레(아이스크림) 등 글로벌 기업들과 제휴해 2500여 개 제품 마케팅에도 활용되고 있다는 소식입니다.

스마트스터디는 삼성출판사에 지분법이익을 안겨주는 효자 노릇을 톡톡히 하고 있습니다. 스마트스터디의 2016, 2017년 당기순이익은 각각 10억 원과 8억 원으로, 삼성출판사가 인식한 지분법이익은 2~3억 원 수준에 불과했습니다. 그런데 스마트스터디의 2018년 당기순이익이 56억 원으로 껑충 뛰었고 2019년 다시 136억 원으로 전년 대비 2.4배나 증가하면서 삼성출판사의 지분법이익은 각각 12억 원과 31억 원으로 크게 늘어났습니다. 2019년 삼성출판사 영업이익은 48억 원이었습니다. 영업이익 아랫단에서 지분법이익 31억 원이 기여하면서 66억 원의 당기순이익을 기록했습니다. 2020년 1분기 삼성출판사의 순이익은 5억 원으로, 스마트스터디로부터 끌어온 13억 원의 지분법이익이 아니었으면 분기순손실을 기록했을 것입니다.

# [ 스마트스터디 실적 추이 ]

(단위 : 억 원)

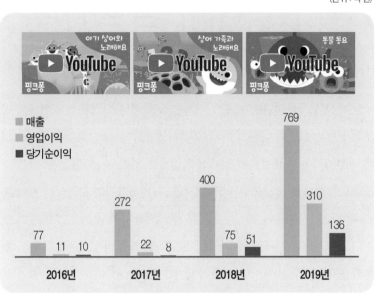

- ■ 매출
- ■ 영업이익
- ■ 당기순이익

| 연도 | 매출 | 영업이익 | 당기순이익 |
|---|---|---|---|
| 2016년 | 77 | 11 | 10 |
| 2017년 | 272 | 22 | 8 |
| 2018년 | 400 | 75 | 51 |
| 2019년 | 769 | 310 | 136 |

# [ 삼성출판사 영업이익과 지분법이익 추이 ]

(단위 : 억 원)

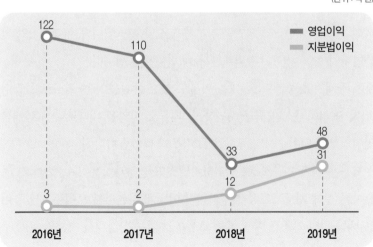

- ■ 영업이익
- ■ 지분법이익

| 연도 | 영업이익 | 지분법이익 |
|---|---|---|
| 2016년 | 122 | 3 |
| 2017년 | 110 | 2 |
| 2018년 | 33 | 12 |
| 2019년 | 48 | 31 |

# SKT, 영업이익보다
# 큰 당기순이익의 1등 공신은?

●●● 앞서 SK텔레콤이 재무제표에 기록한 SK하이닉스 지분 20%의 장부가격과 공정가치(주가)가 왜 다른지 이제 좀 아시겠습니까? SK텔레콤은 SK하이닉스 지분 장부가격을 지분법회계에 따라 처리하고 있지요. SK하이닉스가 상장사여도 주가로 평가한 공정가치를 장부가격으로 기록하지는 않는다는 겁니다. 만약 SK하이닉스 지분율이 10%이고 지분법을 적용하지 않는다고 해 볼까요. 2018년 말 주가에 따른 지분가치가 1억 원이라면 장부가격으로 1억 원을 기록해 놓았을 겁니다. 2019년 말 지분가치가 1억 3000만 원이 되었다면 장부가격도 1억 3000만 원으로 고치고, 투자주식 평가이익으로 3000만 원을 반영합니다. 그러나 실제로는 SK텔레콤의 지분율이 20%이고 SK하이닉스를 관계기업으로 분류했기 때문에 장부가격과 주가는 상관없습니다. SK하이닉스가 10억 원의 이익을 내면 지분율(20%)을 적용한 2억 원만큼 장부가격을 올리고, 10억 원의 손실을 내면 2억 원만큼 장부가격을 낮추면 됩니다. 아울러 2억 원의 지분법이익(또는 손실)을 〈손익계산서〉에 반영하면 됩니다.

SK텔레콤 관계기업 중 이익을 내는 회사도 있고 손실을 내는 회사도 있습니다. 그런데 SK하이닉스가 최근 수년 동안 대규모 이익을 내다보니 SK텔레콤은 영업이익보다 당기순이익 규모가 큰 경우가 많았습니다.

오른쪽 표는 주가를 기준으로 한 SK하이닉스의 공정가치(주식시장 가치)와 지분법에 따른 실제 재무제표상 장부가격이 어떻게 다른지를 보여주고 있습니다. SK텔레콤 기업 가치를 따질 때는 보유하고 있는 상장회사 지분의 실제 주식시장 가치를 기준으로 해야겠지요.

# [ SK텔레콤 실적과 지분법이익 추이 ]

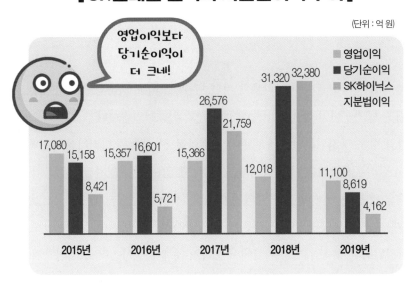

## [ SK하이닉스 시장가격(공정가치)과 장부가격(지분법 적용가격) 추이 ]

| 관계<br>기업명 | 2018년 말 | | | | 2019년 말 | | | |
|---|---|---|---|---|---|---|---|---|
| | 주당<br>공정<br>가치 | 주식수 | 시장<br>가격 | 장부<br>가격 | 주당<br>공정<br>가치 | 주식수 | 시장<br>가격 | 장부<br>가격 |
| SK<br>하이닉스 | 6만<br>500원 | 1억<br>4610만 주 | 8조<br>8391억 원 | 11조<br>2083억 원 | 9만<br>4100원 | 1억<br>4610만 주 | 13조<br>7480억 원 | 11조<br>4253억 원 |

# 영업외 수익과 비용을
# 구성하는 두 가지

●●● 영업이익 산출까지 살펴보고 자산, 부채, 그리고 지분법으로 넘어왔던 이유는 당기순이익 산출을 더 쉽게 이해하기 위해서였습니다.

대기업의 경우 영업외손익에서 일반적으로 가장 큰 금액은 달러자산(매출채권)이나 달러부채(차입금)에서 발생하는 외환손익입니다. 유형자산을 장부가격보다 높게 또는 낮게 팔았을 때의 유형자산 처분이익 또는 처분손실도 있지만, 때로는 유형자산에서 손상차손이 크게 발생하기도 합니다. 무형자산도 마찬가지입니다. 특히 개발비 자산에서 뜻하지 않게 손상차손이 크게 발생하기도 합니다.

영업이익이 부진해도 관계기업 실적이 좋아서 당기순이익이 좋아 보이는 경우도 있지요. 영업이익은 양호했는데 관계기업 실적 악화로 심지어 당기순이익이 적자 전환하는 경우도 있습니다.

영업이익에서 당기순이익으로 이어지는 과정은 오른쪽 그림과 같습니다. 영업외수익은 크게 둘로 나눕니다. 금융수익과 기타수익(비금융수익)입니다. 영업외비용도 둘로 나누지요. 금융비용과 기타비용(비금융비용)입니다.

기업은 〈손익계산서〉에는 영업외 수익과 비용의 금액만 표시하고, 상세 내역은 재무제표 주석을 통해서 보여줍니다.

## [ 영업이익에서 당기순이익으로 이어지는 과정 ]

영업수익(매출액)

– 영업비용(매출원가, 판관비)

---

영업이익

+ 영업외수익 ------- 금융수익
기타수익(비금융수익)

– 영업외비용 ------- 금융비용
기타비용(비금융비용)

± 지분법손익

---

세전이익(법인세비용차감전이익)

– 법인세비용

---

당기순이익

영업이익과 별개로
영업외 수익과 비용,
지분법손익에 따라 당기순이익이
나거나 당기순손실이
날 수도 있어요.

# 지분법이 미워라!
# LG전자

●●● LG전자의 2019년 연결재무제표 기준 〈손익계산서〉를 봅시다. 매출액은 62조 3062억 원, 영업이익은 2조 4361억 원입니다. 그런데 세전이익으로 가서는 5286억 원으로 뚝 떨어져 버리지요. 왜 그런 걸까요?

〈손익계산서〉와 재무제표 주석에서 영업외손익 항목을 보면, 금융수익(4262억 원)보다 금융비용(7140억 원)이 더 많습니다. 2878억 원의 금융순손실(7140억 원-4262억 원)이 발생했습니다. 금융수익 내역을 보면 이자수익과 외환차이가 대부분입니다. '외환차이'는 외환차익과 외화환산이익을 합친 겁니다. 금융비용도 마찬가지입니다. 이자비용와 외환차이(외환차손+외화환산손실)가 거의 다입니다.

기타수익(1조 3760억 원)보다 기타비용(1조 9436억 원)이 더 많아 기타순손실로 5676억 원이 발생했습니다. 기타수익으로는 유형자산을 장부가격보다 더 높은 가격에 매각했을 때 발생하는 유형자산처분이익과 사업양도이익이 있습니다. 여기에도 외환차이가 있는데, 금액이 아주 큽니다.

금융수익 내역에 나오는 외환차이와는 어떻게 다를까요? 금융수익과 비용에서 말하는 외환차이는 예를 들어 달러를 빌리거나 빌려주는 금융거래에서 발생하는 것입니다. 기타수익과 비용에서 말하는 외환차이는 상거래에서 발생하는, 즉 외화 매출채권 등에서 발생하는 것입니다.

기타비용에서는 유무형자산의 손상차손이 눈에 띕니다. 주로 기계장치와 개발비에서 발생했네요. 이렇게 영업외손익에서 8554억 원 마이너스인데요. 지분법손실 1조 521억 원이 더해져 세전이익이 급락했습니다.

## [ LG전자 2019년 연결손익계산서 ]

| 구분 | 2019년 |
|---|---|
| 매출액 | 62조 3062억 원 |
| 영업이익 | 2조 4361억 원 |
| 금융수익 | 4262억 원 |
| 금융비용 | 7140억 원 |
| 지분법이익(손실) | (1조 521억 원) |
| 기타영업외수익 | 1조 3760억 원 |
| 기타영업외비용 | 1조 9436억 원 |
| 세전이익<br>(법인세비용 차감전 순이익) | 5286억 원 |
| 법인세비용 | 3487억 원 |
| 당기순이익 | 1799억 원 |

세전이익 급락의 결정타는 1조 521억 원의 지분법손실이었군!

## [ LG전자 금융수익과 금융비용 ]

| 구분 | 2019년 |
|---|---|
| 이자수익 | 1435억 원 |
| 외환차이 | 2544억 원 |
| 합계 | 4262억 원 |

| 구분 | 2019년 |
|---|---|
| 이자비용 | 4072억 원 |
| 외환차이 | 2656억 원 |
| 합계 | 7140억 원 |

## [ LG전자 기타수익과 기타비용 ]

| 구분 | 2019년 |
|---|---|
| 외환차이 | 1조 1097억 원 |
| 유형자산처분이익 | 656억 원 |
| 사업양도이익 | 1198억 원 |
| 합계 | 1조 3760억 원 |

| 구분 | 2019년 |
|---|---|
| 외환차이 | 1조 1112억 원 |
| 유형자산처분손실 | 749억 원 |
| 유형자산손상차손 | 2123억 원 |
| 무형자산손상차손 | 3666억 원 |
| 합계 | 1조 9436억 원 |

# 적자 내는 관계기업, 지분법손실로 끝나지 않을 수 있다!

●●● 반도체 및 디스플레이 소재 기업 솔브레인은 2015년 9월 마스크팩 업체 제닉 지분 25.5%를 700억 원에 매입합니다. 제닉을 관계기업으로 분류 하고 지분법회계를 하면 되지요. 그런데 인수 시기가 좋지 않았습니다. 사드 배치에 대한 중국의 보복조치가 본격화하면서 제닉의 매출은 역성장하고 영 업은 적자로 전환합니다. 솔브레인은 어떻게 해야 할까요? 투자지분은 자산 이기 때문에 손상 징후가 있으면 평가를 해야 합니다.

예를 들어보겠습니다. 정수기 제조업체 (주)워터짱이 2015년 초에 유통업체 (주)판매왕 지분 30%를 30억 원에 인수했습니다. 이후 업황이 나빠지고 판매 왕의 실적이 급락했습니다. 판매왕은 2015년 10억 원의 당기순손실을 냈습 니다. 지분법을 적용하면 판매왕 지분(관계기업 투자주식) 장부가격은 27억 원 (30억 원-3억 원)이 되겠지요. 워터짱은 3억 원의 지분법손실을 반영합니다.

이걸로 끝이 아닙니다. 과연 판매왕 지분 30% 가치가 27억 원이나 되는지를 평가해야 합니다. 판매왕이 앞으로 창출할 현금흐름이 50억 원으로 평가되 었다면, 워터짱의 몫(30%)은 15억 원 밖에 안 됩니다. 이것을 판매왕 지분을 계속 보유할 경우의 '사용가치'라고 합니다. 지분을 지금 내다 팔면 12억 원 밖에 못 받는다고 해보지요(공정가치, 매각가치). 둘 중 높은 가격인 15억 원이 '회수가능액'인데요. 장부가격(27억 원)에 못 미칩니다. 그래서 판매왕 지분 장부가격을 다시 15억 원으로 하향 조정하고 차액 12억 원(27억 원-15억 원) 을 관계기업 투자주식 손상차손이라는 비용으로 처리하는 겁니다.

# [ (주)워터짱의 관계기업
(주)판매왕 투자주식 손상 징후에 따른 평가 ]

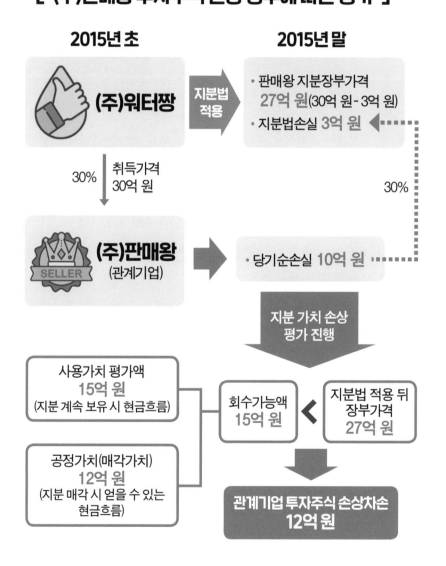

**2015년 초**

(주)워터짱

30% ↓ 취득가격 30억 원

(주)판매왕
(관계기업)

**2015년 말**

지분법 적용 →

- 판매왕 지분장부가격
  **27억 원**(30억 원 - 3억 원)
- 지분법손실 **3억 원** ◀······

30%

· 당기순손실 **10억 원** ·······

지분 가치 손상 평가 진행

사용가치 평가액
**15억 원**
(지분 계속 보유 시 현금흐름)

공정가치(매각가치)
**12억 원**
(지분 매각 시 얻을 수 있는
현금흐름)

회수가능액
**15억 원**

< 지분법 적용 뒤
장부가격
**27억 원**

관계기업 투자주식 손상차손
**12억 원**

# 700억 원에 인수한 제닉,
# 장부가격 0이 되나?
# – 솔브레인

●●● 투자지분의 손상 특히 관계기업 투자주식의 가치에 손상이 크게 발생해 당기순이익이 감소하는 경우가 종종 있습니다. 코스닥 상장사 제닉을 인수한 후 솔브레인 상황이 그랬습니다. 제닉이 계속 적자를 내면서 지분법 손실이 발생했습니다. 실적이 악화되다보니 주가도 하락세를 거듭했습니다.

솔브레인이 제닉 지분에서 인식한 관계기업 투자주식 손상차손은 2016년 174억 원, 2017년 84억 원, 2018년 182억 원, 2019년 59억 원입니다.

솔브레인은 제닉 지분에서 손상차손을 인식할 때마다 "1회성 비용"이라며 앞으로 제닉 실적이 개선되면서 추가 손상은 없을 것이라고 이야기했습니다. 그러나 제닉 지분 손상은 1회성이 아니었고, 실적도 적자에서 벗어나지 못했지요. 제닉 지분의 장부가격은 지분법손실로 하락하고, 여기에 손상차손을 반영해 또 하락하기 때문에 2016년 취득가격 700억 원에서 2019년 말에는 88억 원까지 장부가격이 떨어졌습니다. 거의 8분의 1 수준으로 감소한 것입니다.

2020년 1분기 결산 결과, 24억 원의 손상차손을 반영해 장부가격은 57억 원으로 하락했습니다. 이런 추세라면 2020년 중으로 장부가격이 '0'이 될 수도 있을 것 같습니다. 장부가격이 0이 되면 지분법 적용을 중지합니다.

그나마 다행인 것은 솔브레인의 영업이익이 1000억 원대에서 최근 1700억 원대로 증가하는 등 탄탄한 편이어서 투자주식 손상차손에도 불구하고 당기순이익 역시 1000억 원 이상 견조한 수준을 유지하고 있다는 점입니다.

## [ 제닉 실적 추이 ]

(단위 : 억 원)

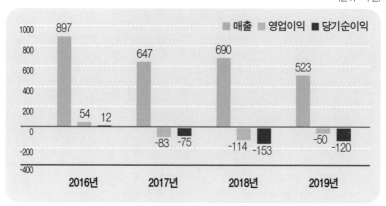

## [ 솔브레인의 제닉 투자지분 손상차손 ]
## (관계기업 투자주식 손상차손)

(단위 : 억 원)

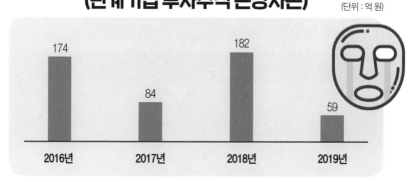

## [ 솔브레인 제닉 투자지분 장부가격 ]

(단위 : 억 원)

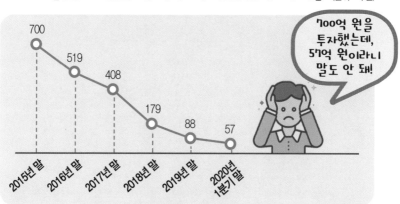

CHAPTER
08

# 주주의 몫
# 자본,
# 제대로 이해하기

# 바뀔 수 없는 절대공식,
# 재무제표 항등식

●●● 달봉이는 친구 만득이와 함께 정수기 제조회사를 만들기로 했습니다. 사명은 (주)워터짱으로 하고, 2015년 초 각자 1억 원씩 총 2억 원을 마련해 회사를 설립하고 은행에서 1억 원을 빌렸습니다.

달봉이와 만득이가 회사 설립 자금을 내는 것을 '출자'라고 합니다. 이들이 낸 2억 원이 회사의 '자본금'이 됩니다. 회사는 이들에게 주식을 발행해 줍니다. 워터짱 주식은 액면가가 5000원이므로, 두 사람에게 각각 2만 주가 배정되겠네요. 두 사람은 이제 회사의 주인이라고 할 수 있는 '주주'가 되었습니다.

워터짱은 총 3억 원의 현금자산을 보유하게 되었습니다. 워터짱의 자산은 2억 원의 자본금과 1억 원의 부채로 구성되어 있습니다. '자산=부채+자본(자본금)'이라는 하나의 식이 만들어집니다.

## 자산 = 부채 + 자본(자본금)

자본은 주주의 몫이 얼마인지를 나타냅니다. 회사가 처음 출범하는 단계에서 자본을 구성하는 항목은 자본금 하나밖에 없습니다.

# [ (주)워터짱의 자산 구성 ]

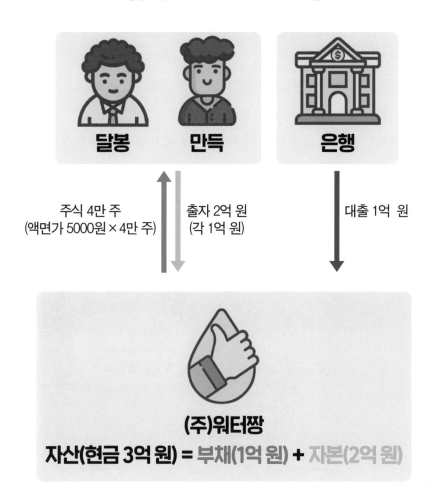

달봉   만득

은행

주식 4만 주
(액면가 5000원 × 4만 주)

출자 2억 원
(각 1억 원)

대출 1억 원

(주)워터짱
자산(현금 3억 원) = 부채(1억 원) + 자본(2억 원)

워터짱은 정수기를 제조·판매하는 영업활동을 해야 하므로 영업용 자산을 사야 합니다. 원재료 5000만 원, 기계 5000만 원, 공장 5000만 원, 차량과 기타 사무실 집기류 5000만 원 등에 총 2억 원을 사용하고 나머지 1억 원은 현금(예금)으로 보유하기로 했습니다.

현금자산이 대거 영업용 자산으로 바뀌었지만, 여전히 '자산=부채+자본'이라는 등식에는 변함이 없습니다.

회사가 1년간 영업활동을 하는 과정에서 수많은 손익거래와 비손익거래가 발생하는데요. 최종 결산을 마치면 '자산=부채+자본'이라는 식이 무조건 성립되어야 하므로, 이것을 '회계 항등식(재무제표 항등식)'이라고 합니다.

# [ (주)워터짱 영업용 자산 구매 후 자산 변화 ]

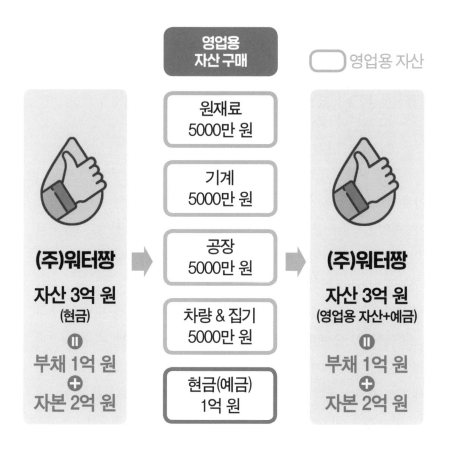

영업용 자산 구매

영업용 자산

원재료 5000만 원

기계 5000만 원

공장 5000만 원

차량 & 집기 5000만 원

현금(예금) 1억 원

(주)워터짱

자산 3억 원
(현금)
Ⅱ
부채 1억 원
➕
자본 2억 원

(주)워터짱

자산 3억 원
(영업용 자산+예금)
Ⅱ
부채 1억 원
➕
자본 2억 원

# [ 회계 항등식 ]

## 자산 = 부채 + 자본

자산

부채

자본

# 재무제표 항등식의 진리, 자산 증감과 손익 발생은 맞물려 있다!

●●● 영업 첫해인 2015년 말 워터짱이 손익을 결산했더니 5000만 원 당기순이익이 났습니다. 회사가 창출한 당기순이익은 주주의 것입니다. 그러므로 당기순이익은 주주의 몫을 나타내는 자본으로 이동하는데, '이익잉여금'이라는 이름을 달고 자본 내에 누적됩니다. 워터짱의 자본을 구성하는 항목은 이제 자본금(2억 원)과 이익잉여금(5000만 원) 두 가지입니다.

그럼 여기서 '자산=부채+자본'이라는 항등식을 다시 생각해 봅시다. 〈손익계산서〉에서 당기순이익 발생으로 자본(이익잉여금)이 5000만 원 증가했으니 항등식이 유지되려면 자산에서도 5000만 원이 증가해야겠지요.

앞서 자산 증가는 이익 발생과 맞물려 있다는 것을 배웠습니다. 즉 2015년 1년 동안 수많은 손익거래 결과로 당기순이익이 5000만 원 발생했다는 것은 자산에서도 5000만 원 순증가가 있었다는 말과 같습니다.

### [ (주)워터짱 2015년 말 자산 구성 ]

자산(3억 5000만 원)＝부채(1억 원)＋자본(2억 5000만 원)

자본금 2억 원＋이익잉여금 5천만 원

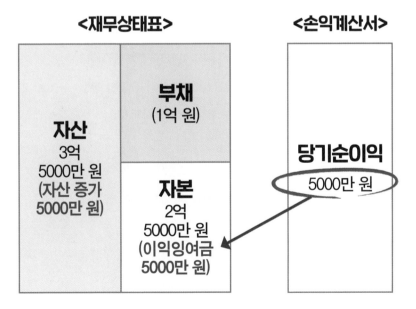

# (주)워터짱 자산 구성 변화

## [ (주)워터짱 2015년 초 영업 시작 ]

### <재무상태표>

| 자산<br>3억 원 | 부채<br>1억 원 |
| | 자본<br>2억 원 |

### <손익계산서>

0

## [ (주)워터짱 2015년 말 결산 ]

### <재무상태표>

| 자산<br>3억<br>5000만 원<br>(자산 증가<br>5000만 원) | 부채<br>(1억 원) |
| | 자본<br>2억<br>5000만 원<br>(이익잉여금<br>5000만 원) |

### <손익계산서>

당기순이익

5000만 원

'자산=부채+자본' 항등식을 간단하게 검증해 볼까요.

워터짱이 10만 원의 제조원가를 투입해 정수기 1대를 만들었습니다. 정수기 재고자산 1대 가격이 10만 원인 겁니다. 이 정수기를 15만 원에 현금 판매 했습니다.

편의상 다른 비용은 고려하지 않기로 하고, 손익(수익-비용)을 계산해볼까요. 수익(정수기 판매가격) 15만 원에서 비용(제조원가) 10만 원을 빼면 5만 원의 이익이 생깁니다.

자산의 증감을 보겠습니다. 제조원가 10만 원짜리 정수기 1대를 팔았으니 재고자산이 10만 원 감소했습니다. 그리고 정수기를 팔고 현금 15만 원을 받았으니, 현금자산이 15만 원 증가했습니다. 5만 원의 자산 순증가가 일어났지요. 이익 5만 원이 자본으로 이동해 자본이 5만 원 증가했습니다. 그리고 자산에서도 5만 원의 순증가가 있었지요(현금자산 15만 원 유입, 재고자산 10만 원 유출). 그러니 '자산=부채+자본'이라는 항등식이 유지되지요.

# [ 자산 증가와 이익 발생의 예 ]

**(주)워터짱**

- 정수기 1대 생산 ➡ 제조원가 10만 원
- 정수기 1대 15만 원에 현금 판매

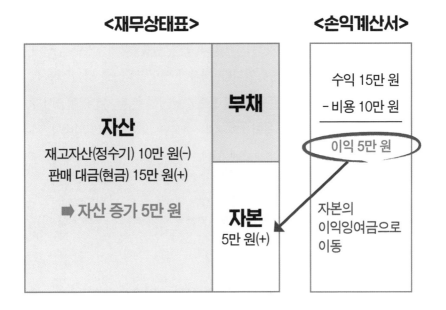

**<재무상태표>**

**자산**
재고자산(정수기) 10만 원(-)
판매 대금(현금) 15만 원(+)

➡ 자산 증가 5만 원

**부채**

**자본**
5만 원(+)

**<손익계산서>**

수익 15만 원
- 비용 10만 원
─────────
이익 5만 원

자본의
이익잉여금으로
이동

# 자산 = 부채 + 자본

# 유상증자하면 자산과 자본에 어떤 변화가 생길까?

●●● 2016년 중에 워터짱은 봉순이를 대상으로 유상증자를 하기로 했습니다. 봉순이한테서 출자(2000만 원)를 받고 신주를 발행해 주기로 한 것이지요. 주당 발행가격은 2만 원으로 정해졌습니다. 봉순이는 1000주를 받겠네요. 워터짱의 자본은 유상증자 규모(2000만 원)만큼 증가합니다. 이 2000만 원을 쪼개면 두 가지로 나누어집니다. 500만 원은 '자본금'이고, 나머지 1500만 원은 '자본잉여금'입니다. 자본금은 '액면가×발행주식수'로 계산됩니다. 따라서 '5000원×1000주=500만 원'만큼 자본금이 증가합니다. '액면가 초과 금액(1만 5000원)×발행주식수(1000주)=1500만 원'은 주식발행초과금이라고 합니다. 이것은 자본잉여금의 한 종류입니다. 회사가 영업활동으로 남기는 돈은 이익잉여금, 액면가를 초과하는 주식 발행으로 남기는 돈은 자본잉여금이라고 하는 거지요. 유상증자 뒤 워터짱의 자본 항목은 자본금, 이익잉여금, 자본잉여금(주식발행초과금)으로 구성되겠지요.

> 자본총계(2억 7000만 원)=
> 자본금(2억 원+500만 원)+이익잉여금(5000만 원)+자본잉여금(1500만 원)

재무제표 항등식도 다시 정리해 보겠습니다.

> 자산(3억 7000만 원)=부채(1억 원)+자본(2억 7000만 원)

자산이 직전(2015년 말)보다 2000만 원 증가한 이유는 주식 대금으로 현금 2000만 원이 유입되었기 때문입니다. 이러한 자본 거래(주식 발행 거래)에서는 자산이 증가해도 손익이 발생하지 않습니다.

# [ (주)워터짱 유상증자 후 자산과 자본 변화 ]

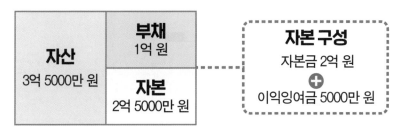

### <2015년 말>

| 자산<br>3억 5000만 원 | 부채<br>1억 원 |
| | 자본<br>2억 5000만 원 |

**자본 구성**
자본금 2억 원
➕
이익잉여금 5000만 원

### <2016년 중>

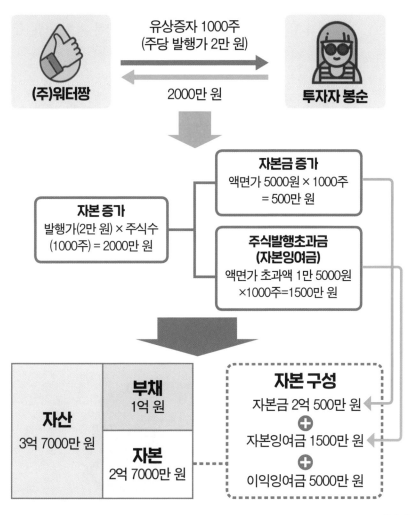

유상증자 1000주
(주당 발행가 2만 원)

**(주)워터짱**

2000만 원

**투자자 봉순**

**자본 증가**
발행가(2만 원) × 주식수
(1000주) = 2000만 원

**자본금 증가**
액면가 5000원 × 1000주
= 500만 원

**주식발행초과금
(자본잉여금)**
액면가 초과액 1만 5000원
×1000주=1500만 원

| 자산<br>3억 7000만 원 | 부채<br>1억 원 |
| | 자본<br>2억 7000만 원 |

**자본 구성**
자본금 2억 500만 원
➕
자본잉여금 1500만 원
➕
이익잉여금 5000만 원

# 회사가 아무리 투자를 많이 해도 이익잉여금에 변화가 없는 이유

●●● ㈜워터짱이 2015년 초 영업을 시작해, 연말 결산을 합니다. 당기순이익이 10억 원 났다면 자본에 이익잉여금 10억 원 생깁니다.

2016년 말 결산 결과 당기순이익이 5억 원 났다면 이제 자본 내 이익잉여금은 15억 원이 됩니다. 이익잉여금은 누적되어 가니까요.

2017년 말 결산을 했더니 당기순이익이 8억 원 났다면 이익잉여금은 23억 원이 되겠지요. 이제는 주주들에게 배당을 좀 해야 할 때가 되었습니다.

2017년 결산 결과에 대한 주주총회는 대개 2018년 3월에 열립니다. 여기서 3억 원의 배당이 결정되었습니다. 그럼 이익잉여금은 20억 원(23억 원-3억 원)으로 줄어듭니다. 배당은 이익잉여금 처분(주주들에게 배분)으로 처리합니다.

2018년 말 결산을 했더니 이번에는 당기순손실 5억 원이 났습니다. 당기순손실은 이익잉여금을 갉아먹기 때문에, 15억 원이 되었습니다.

2019년 말 결산 결과 20억 원이라는 대규모 당기순손실이 났습니다. 그럼 기존의 이익잉여금(15억 원)을 다 갉아먹고도 5억 원의 마이너스 이익잉여금이 남습니다. 이것이 미처리결손금입니다.

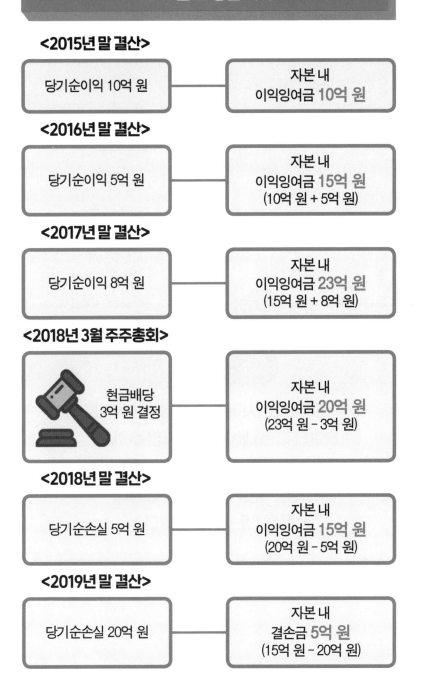

# <(주)워터짱 결산>
## - 2015년 초 영업 시작 -

**<2015년 말 결산>**

당기순이익 10억 원

자본 내
이익잉여금 10억 원

**<2016년 말 결산>**

당기순이익 5억 원

자본 내
이익잉여금 15억 원
(10억 원 + 5억 원)

**<2017년 말 결산>**

당기순이익 8억 원

자본 내
이익잉여금 23억 원
(15억 원 + 8억 원)

**<2018년 3월 주주총회>**

현금배당
3억 원 결정

자본 내
이익잉여금 20억 원
(23억 원 - 3억 원)

**<2018년 말 결산>**

당기순손실 5억 원

자본 내
이익잉여금 15억 원
(20억 원 - 5억 원)

**<2019년 말 결산>**

당기순손실 20억 원

자본 내
결손금 5억 원
(15억 원 - 20억 원)

만약 워터짱이 2017년 초에 10억 원의 설비투자를 했다고 해 봅시다. 자산에서 현금 10억 원이 감소하고 기계설비(유형자산) 10억 원이 생깁니다. 이익잉여금에는 아무런 변화가 없습니다.

이익잉여금은 회사가 지금까지 어느 정도의 이익을 냈는지 보여주는 수치일 뿐 실제 현금 규모가 아닙니다. 투자를 많이 한다고 해서 줄어드는 것도 아닙니다. 그래서 이익잉여금을 쌓아두기만 하고 투자를 안 한다는 주장은 틀릴 수 있습니다.

 ≠

이익잉여금은 회사가 창출한 당기순이익을
해마다 자본 내에다 누적시킨 수치.
이익잉여금을 보면 대략 이 회사가 설립 이래 지금까지
어느 정도의 당기순이익을 창출해
누적해 왔는지 알 수 있다.

# 투자와 이익잉여금의 관계

## [ (주)워터짱 2016년 말 재무상태표 ]

| 자산<br>18억 원 | 부채<br>1억 원 |
| | 자본<br>자본금 2억 원<br>이익잉여금 15억 원 |

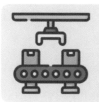 (주)워터짱이 2017년 초에 10억 원을 설비투자에 사용했다면……

## [ (주)워터짱 2017년 초 설비투자 후 재무상태표 ]

| 자산<br>18억 원<br><br>현금 10억 원(-)<br>유형자산 10억 원(+) | 부채<br>1억 원 |
| | 자본<br>자본금 2억 원<br>이익잉여금 15억 원<br>(변화 없음) |

# 무상증자하면 자산과 자본에 어떤 변화가 생길까?

●●● 유상증자할 때 발행가격은 대개 액면가보다는 높아서 주식발행초과금(자본잉여금)이 발생합니다.

기업은 주주들에게 주식을 공짜로 나눠주는 무상증자를 하기도 합니다. 대부분 주주 가치 제고를 명분으로 내세웁니다. 무상증자를 할 때 주주들에게 배정되는 신주는 액면가로 발행됩니다.

㈜워터짱이 1000주를 발행하는 무상증자를 한다고 해 봅시다. 자본금이 '액면가 5000원×발행주식수 1000주=500만 원'만큼 증가합니다. 그런데 무상증자이니 회사로 들어오는 신주 대금은 없습니다. 자본은 증가했는데 실제 들어오는 돈은 없으니 뭐가 안 맞습니다.

예를 들어 '자산=부채+자본'이라는 항등식도 성립되지 않지요. 증자로 자본이 증가하면 증자 대금이 유입되어 자산도 증가해야 등식이 유지될 테니까요. 이럴 때는 회사의 자본 구성 항목 중 자본잉여금에서 500만 원을 빼 자본금으로 이전합니다. 이 500만 원을 재원으로 신주 1000주를 발행하는 식으로 회계 처리를 하는 겁니다. 자본 내에서 자본잉여금이 500만 원 줄고, 자본금이 500만 원 증가하니까 자본총계에는 변화가 없습니다. '자산=부채+자본'의 등식을 유지하는데도 이상이 없는 거지요.

무상증자하는 기업은 대부분 자본잉여금 중 주식발행초과금을 신주 발행 재원으로 활용합니다. 무상증자는 자본 내에 상당한 잉여금을 보유하고 있어야 할 수 있어서, 일반적으로 재무 구조가 좋은 기업이 아니면 실행하기 어렵습니다.

# [ 무상증자 후 자본 변화 ]

(주)워터짱

**무상증자 500만 원**
- 무상 신주 1000주 발행
- 발행가격 = 액면가 5000원

자본잉여금 500만 원 감소(자본잉여금 500만 원을 자본금으로 전입 ➡ 무상 신주 발행 재원)

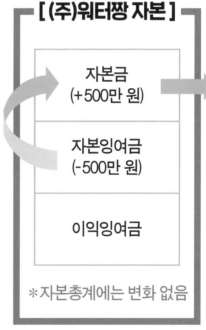

[ (주)워터짱 자본 ]

자본금
(+500만 원)

자본잉여금
(-500만 원)

이익잉여금

\*자본총계에는 변화 없음

자본금 500만 원 증가 (신주 발행)

# 무상감자로 자본잠식에서
# 탈출하는 법

●●● 증자는 자본금의 증가, 감자는 자본금의 감소를 말합니다. 기존에 발행한 주식을 소각하면 자본금은 감소합니다. 자본금은 '액면가×발행주식수'라고 했는데, 주식 소각은 발행주식수를 줄이는 거니까요.

회사가 주주들에게 보상을 해주고 주식을 회수해 소각하는 것을 유상감자라고 합니다. 아무런 보상을 해 주지 않으면 무상감자가 되지요. 어떤 경우든 주주총회 결의를 거쳐야 합니다. 무상감자의 목적은 대부분 재무 구조 개선(결손금 해소)이라고 보면 됩니다.

(주)맨발로의 자본 구조가 다음과 같다고 해 보겠습니다.

### <(주)맨발로 자본 구조>

자본총계 70억 원=자본금 100억 원+(결손금 30억 원)

회사가 계속 적자를 내 잉여금은 없고 자본에 마이너스 역할을 하는 결손금 30억 원이 누적되어 있습니다. 이렇게 자본금보다 자본총계가 더 작은 상태를 자본잠식이라고 합니다.

# (주)맨발로 자본 구조

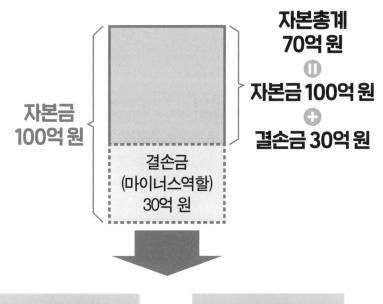

자본총계
70억 원

＝

자본금 100억 원

＋

결손금 30억 원

자본금
100억 원

결손금
(마이너스역할)
30억 원

| 자본총계 70억 원 | < | 자본금 100억 원 |
|---|---|---|

**자본잠식 상태**

$$자본잠식률 = \frac{30억\ 원}{100억\ 원} \times 100\% = 30\%$$

맨발로가 주주들이 가진 주식의 40%를 회수해 소각한다고 해 봅시다. 액면가 기준으로 40억 원(100억 원×40%)어치 주식을 아무런 보상 없이 소각하기 때문에, 회사는 40억 원의 감자차익을 얻게 됩니다.

감자차익은 자본잉여금의 한 종류입니다. 주주와의 주식 거래(자본 거래)에서 이익을 봤기 때문에 자본잉여금이 되는 거지요. 감자 뒤의 자본총계는 다음과 같아집니다.

### < (주)맨발로 40% 무상감자 후 자본 구조 >

자본총계 70억 원
=자본금 60억 원(100억 원-40억 원)+
(결손금 30억 원)+자본잉여금 40억 원

감자차익은 결손금 해소에 사용할 수 있습니다.

다시 정리하면, '자본총계(70억 원)=자본금(60억 원)+자본잉여금 10억 원'이 됩니다. 맨발로는 결손금이 해소되었습니다. 그리고 자본금보다 자본총계가 더 커져서 자본잠식에서도 벗어났습니다.

## [ (주)맨발로 무상감자 ]

**(주)맨발로**

- 40% 무상감자 시행 :
  자본금 100억 원 ➡ 60억 원
- 줄어드는 자본금 만큼 감자차익
  (자본잉여금) 40억 원 발생

| 자본금<br>60억 원 | |
| --- | --- |
| 감자차익<br>(자본잉여금)<br>40억 원 | 결손금<br>(마이너스 역할)<br>30억 원 |

**감자차익과<br>결손금 상계** ⬇

| 자본금<br>60억 원 |
| --- |
| 자본잉여금<br>10억 원 |

**자본총계<br>70억 원**

⏸

**자본금 60억 원**

➕

**자본잉여금 10억 원**

⬇

**자본잠식 해소**

# 유상감자할 때 생기는
# 감자차손과 감자차익이란?

●●● 유상감자 때는 회사가 대개 시세보다 약간 높은 가격으로 주식을 매입합니다. 유상감자의 이유는 다양합니다. 사모펀드가 회사를 인수한 이후 투자금 회수 차원에서 가끔 유상감자를 합니다. 대주주가 상속세나 소득세 납부자금이 필요해서 하기도 하지요. 그렇다고 해서 대주주만을 대상으로 유상감자를 할 수는 없습니다. 유상감자는 모든 주주에게 같은 비율로 적용됩니다. 주주 가치 제고를 명분으로 유상감자하는 경우에는 시세보다 상당히 높은 가격으로 주식을 매입합니다.

음식배달서비스 (주)어디요(총발행주식수 100주)가 20%(20주) 감자비율로 주당 8000원에 유상감자를 실시한다고 해 봅시다. 줄어드는 자본 규모는 '지급액 8000원×20주=16만 원'입니다. 이것은 자본 내에서 다시 두 가지로 나뉩니다. 주식 소각으로 인해 '액면가(5000원)×20주=10만 원'만큼 자본금이 감소합니다. '액면가 초과 지급액 3000원×20주=6만 원'을 우리는 감자차손이라고 부릅니다. 감자차손은 말하자면 마이너스 자본잉여금인 셈인데요. 자본 내에서 '자본조정' 또는 '기타자본'이라는 항목에 집어넣습니다.

만약 주당 유상감자 가격이 3000원이라면 어떻게 될까요? 감소하는 자본 규모는 '지급액 3000원×20주=6만 원'입니다. 이것 역시 자본 내에서 두 가지로 나뉩니다. 주식 소각으로 인해 자본금은 '액면가 5000원×20주=10만 원'만큼 감소합니다. 그런데 액면가보다 주당 2000원을 적게 지급했기 때문에 '과소지급액 2000원×20주=4만 원'은 감자차익으로 처리됩니다.

**(주)어디요**
- 총발행주식수 : 100주
- 액면가 : 5000원

## [ (주)어디요 20주 유상감자 ]
### 주당 매입가 8000원

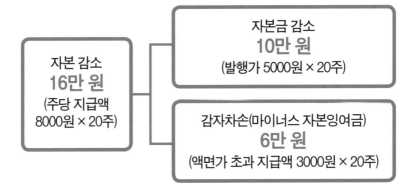

자본 감소
**16만 원**
(주당 지급액
8000원 × 20주)

자본금 감소
**10만 원**
(발행가 5000원 × 20주)

감자차손(마이너스 자본잉여금)
**6만 원**
(액면가 초과 지급액 3000원 × 20주)

## [ (주)어디요 20주 유상감자 ]
### 주당 매입가 3000원

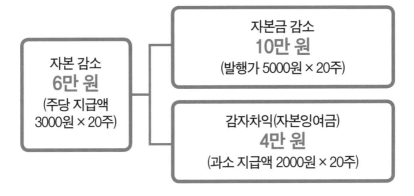

자본 감소
**6만 원**
(주당 지급액
3000원 × 20주)

자본금 감소
**10만 원**
(발행가 5000원 × 20주)

감자차익(자본잉여금)
**4만 원**
(과소 지급액 2000원 × 20주)

# 원금 안 갚아도 되는 영구채, 스텝업 금리의 압박-이마트

●●● 기업의 〈재무상태표〉에서 자본 항목을 보면 간혹 '신종자본증권 1000억 원' 식으로 기재되어 있는 경우를 볼 수 있는데요. 대부분 '영구채'를 가리킵니다.

㈜어디요가 만기 30년짜리 장기채권 100억 원을 발행했다고 해보지요. 발행회사의 의사에 따라 만기 연장이 가능하다는 조건이 붙어 있습니다. 어디요가 마음먹기에 따라 영원히 원금을 갚지 않아도 되는 셈입니다. 이런 것이 영구채권(영구채)입니다. 원금 상환 의무가 없어서 회계 처리 시 자본으로 분류할 수 있습니다. 이자만 내면 되니 발행회사는 얼마나 좋을까요?

그런데 실상은 그렇지 않습니다. 일단 영구채는 발행금리가 높은 편입니다. 게다가 시간이 갈수록 금리가 올라가는 조건 즉 금리의 스텝업(step-up) 조건이 붙어있지요. 발행회사가 10년, 20년씩 이자만 부담하고 원금을 상환하지 않는 것이 현실적으로는 어려운 구조라는 겁니다. 그래서 발행회사 측에 콜옵션(조기상환권)을 부여해 줍니다.

예를 들어 어디요가 2015년 초 만기 30년짜리 100억 원 영구채를 발행할 때 발행금리가 5%입니다. 5년 뒤인 2020년 초부터 금리는 1차 스텝업(2% 가산)으로 7%, 2023년 초부터는 다시 2차 스텝업(3% 가산)으로 10%가 되는 조건이라고 가정합니다. 이자율이 10%면 연간 10억 원의 이자를 물어야 한다는 이야기입니다. 이런 영구채의 경우 어디요에게 1차 스텝업 직전에 조기상환할 수 있는 콜옵션을 부여합니다. 만약 1차 때 원금상환을 못 했다면 이후 해마다 다시 콜옵션 행사가 가능한 조건이 붙는 경우가 일반적입니다.

## (주)어디요의 영구채와 스텝업 금리

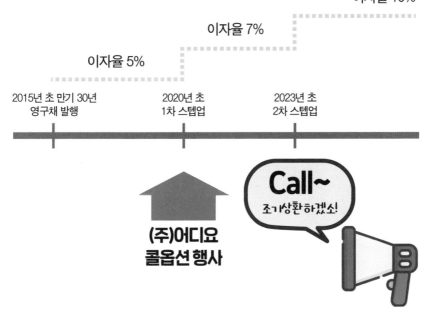

이자율 10%

이자율 7%

이자율 5%

| 2015년 초 만기 30년 | 2020년 초 | 2023년 초 |
| 영구채 발행 | 1차 스텝업 | 2차 스텝업 |

(주)어디요
콜옵션 행사

Call~
조기상환하겠소!

## (주)이마트 2019년 연결재무상태표 자본 항목의 구성

| 구분 | 금액 |
|---|---|
| 자본총계 | 10조 2067억 원 |
| 자본금 | 1394억 원 |
| 주식발행초과금 | 4조 1935억 원 |
| 신종자본증권 | 7777억 원 |
| 이익잉여금 | 2조 7943억 원 |
| 기타자본 | 9037억 원 |
| 비지배주주 지분 | 1조 3981억 원 |

# 회사의
# 건강 상태를
# 알려주는
# 현금흐름표의 원리

# 이익 났는데 현금은
# 왜 한 푼도 안 생기는가?

●●● 유통업체 (주)판매왕이 가습기 제조업체 (주)촉촉으로부터 가습기를 1대당 10만 원씩 10대를 구매했습니다. 그리고 가습기를 1대당 15만 원에 판매했다고 해 봅시다. 구매도 외상으로 했고, 판매도 외상으로 했습니다.

판매왕이 〈손익계산서〉를 만들면 '매출액 150만 원-매출원가 100만 원=50만 원'의 이익이 났지요. 그럼, 판매왕이 손에 쥔 현금은 얼마인가요?

한 푼도 없습니다! 외상으로 사 왔으니 나간 현금이 없고, 외상으로 팔았으니 들어온 현금도 없습니다.

만약 우리가 이런 사정을 모른 채 판매왕의 〈손익계산서〉만 본다고 해 봅시다. 50만 원의 이익이 찍혀 있으니 당연히 50만 원의 현금이 있으리라 생각할 겁니다.

〈손익계산서〉에는 분명 이익이 50만 원 이랬는데, 회사가 보유한 현금이 0이라니……. 으액! 머리 아파.

## [ (주)판매왕 가습기
외상 매입·외상 판매 후 손익 계산 ]

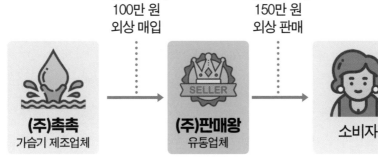

가습기 10대
100만 원
외상 매입

가습기 10대
150만 원
외상 판매

(주)촉촉
가습기 제조업체

(주)판매왕
유통업체

소비자

판매왕
손익 계산

**<손익계산서>**

매출액          150만 원
－매출원가     100만 원

매출이익        50만 원

하지만,
현금흐름은 '0'
유입 현금 '0', 유출 현금 '0'

이렇게 〈손익계산서〉에 기록된 이익하고 회사가 실제 보유한 현금에는 차이가 있습니다. 〈손익계산서〉는 '발생주의'에 따라 만들기 때문이지요(16~17쪽 참조).

〈손익계산서〉의 맨 위에 매출액이 있습니다. 그런데 이 매출액 자체가 현금 유입과는 상관이 없습니다. 외상으로 팔았어도 얼마든지 매출액으로 기록할 수 있습니다. 그러니 그 아래의 매출이익, 영업이익, 세전이익, 그리고 당기순 이익이 회사가 보유한 현금과 일치할 수 없습니다.

만약 모든 거래를 현금이 오가는 경우에만 기록하는 '현금주의'를 채택한다면 〈손익계산서〉의 이익과 실제 현금이익은 일치할 겁니다.

이익과 현금의 불일치 때문에 탄생한 재무제표가 〈현금흐름표〉입니다. 수익, 비용, 이익을 기록한 〈손익계산서〉와 자산, 부채, 자본을 기록한 〈재무상태표〉를 활용해 회사의 현금흐름을 정확하게 알 수 있게끔 만든 재무제표가 바로 〈현금흐름표〉입니다.

난 〈손익계산서〉의 이익과 현금 불일치를 보완하고자 탄생한 재무제표라네.

현금흐름표

## [ 손익계산서와 현금흐름표의 차이 ]

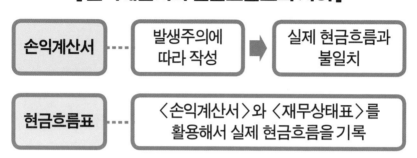

## [ 재무제표의 구성 ]

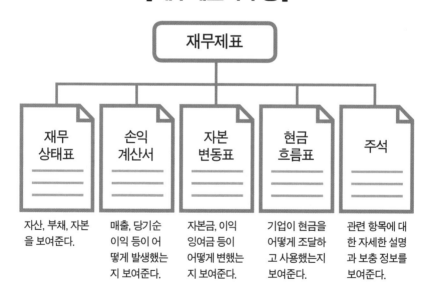

# 기업의 3대 경영 활동이 현금흐름표에 다 녹아있다!

●●● 실제 기업의 〈현금흐름표〉를 정확하게 해석하려면 〈현금흐름표〉가 어떻게 만들어지는지 알고 있어야 합니다. 특히 영업활동 현금흐름에 대한 이해가 아주 중요합니다. 기업의 3대 경영활동은 영업, 투자, 재무 활동으로 나누어 볼 수 있습니다. 영업활동은 제품을 제조하거나 상품을 구입해 판매하는 활동, 서비스를 제공하고 수익을 내는 활동을 말합니다. 투자활동은 영업활동 등을 위해 여러 가지 자산을 취득하거나 처분하는 것이라고 할 수 있습니다. 재무활동은 투자활동과 영업활동을 위한 자금을 조달하거나 상환하는 것을 말합니다. 이런 3대 활동의 현금흐름을 기록하고, 이를 합산해 회사의 총현금흐름에 어떤 변동이 있었는지를 〈현금흐름표〉에 담습니다.

오른쪽 ㈜판매왕의 2019년 〈현금흐름표〉에서 영업활동 현금흐름을 보면 100억 원의 순유입이 있었지요. 영업활동 과정에서 들어온 돈, 나간 돈을 다 계산했더니 들어온 돈이 100억 원 더 많았다는 겁니다. 투자활동 현금흐름은 50억 원 순유출, 재무활동 현금흐름도 30억 원 순유출입니다.

영업활동으로 돈을 벌어 투자하고 차입금을 갚거나 배당을 했다고 추측할 수 있습니다. 좀 더 자세한 내용은 재무제표 주석에서 각 활동 내의 세부 항목 변화를 살펴보아야 합니다.

이 회사의 2019년 총현금흐름은 20억 원 증가(100억 원-50억 원-30억 원)입니다. 2019년 초에 현금이 15억 원 있었고, 새로 20억 원이 더해져 2019년 말 현금은 35억 원이 되었습니다.

# [ 기업의 3대 경영 활동 ]

| | | |
|---|---|---|
| **1** | 영업활동 | 기업의 주된 경영활동으로, 제품을 제조하거나 상품을 구매해 판매하는 활동. 서비스를 제공하고 수익을 창출하는 활동. |
| **2** | 투자활동 | 영업활동 등을 위해 여러 가지 자산을 취득하거나 처분하는 활동. |
| **3** | 재무활동 | 투자와 영업 활동을 위한 자금을 조달하거나 상환하는 활동. |

# [ (주)판매왕 2019년 현금흐름표 ]

| 구분 | 금액 |
|---|---|
| 영업활동으로 인한 현금흐름 | 100억 원 |
| 투자활동으로 인한 현금흐름 | (50억 원) |
| 재무활동으로 인한 현금흐름 | (30억 원) |
| 현금 및 현금성 자산 순증가액 | 20억 원 |
| 기초 현금 및 현금성 자산 | 15억 원 |
| 기말 현금 및 현금성 자산 | 35억 원 |

# 당기순이익을
# 영업활동 현금흐름으로
# 교정해보기
# -비현금 수익과 비용 조정

● ● ●   (주)맨발로가 운동화 1켤레를 만들면서 제조원가가 7만 원 발생했습니다. 재료비 4만 원, 인건비 2만 원이 현금 지출되었고, 감가상각비가 1만 원 반영되었다고 해 봅시다. 이 운동화를 10만 원에 현금 판매했습니다. 손익을 계산해 보면 '매출액 10만 원-매출원가 7만 원=매출이익 3만 원'이 산출되지요.

이 단계까지만 고려해보면, 맨발로는 현금으로는 얼마를 남겼을까요? 운동화 1켤레 판매로 10만 원이 들어왔습니다. 제조하면서 재료비와 인건비로 6만 원의 현금이 나갔습니다. 그래서 '10만 원-6만 원=4만 원'의 영업활동 현금흐름(현금 기준 영업이익)이 창출되었지요.

회계상 이익(〈손익계산서〉상 이익) 3만 원과 실제 현금이익 4만 원간 차이는 무엇 때문에 발생한 것입니까? 네. 바로 감가상각비 1만 원 때문입니다. 감가상각비는 현금으로 유출된 비용은 아니지만 〈손익계산서〉에서는 당연히 비용으로 반영됩니다. 그래서 회계상 이익이 현금이익보다 1만 원이 적어진 거지요.

그렇다면 우리는 이 점을 알 수 있습니다. 〈손익계산서〉 맨 끝단에 당기순이익이 있습니다. 이 당기순이익을 산출하기까지 비용으로 반영된 것 중 실제 현금이 유출되지 않은 비용을 다 더해주면 영업활동 현금흐름으로 교정할 수 있다는 거지요. 앞의 예에서 회계상 이익 3만 원에 현금 비유출 비용(감가상각비) 1만 원을 더하면 4만 원이라는 영업활동 현금흐름을 산출할 수 있는 것처럼요.

**[ (주)맨발로 운동화 1켤레 제조원가 ]**

재료비 4만 원
인건비 2만 원
현금을 지출한 비용 → 운동화 1켤레 10만 원에 현금 판매

감가상각비 1만 원 — 현금을 지출하지 않은 비용

**[ 매출이익을 영업활동 현금흐름으로 교정 ]**

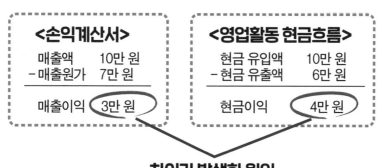

**<손익계산서>**

| 매출액 | 10만 원 |
|---|---|
| − 매출원가 | 7만 원 |
| 매출이익 | 3만 원 |

**<영업활동 현금흐름>**

| 현금 유입액 | 10만 원 |
|---|---|
| − 현금 유출액 | 6만 원 |
| 현금이익 | 4만 원 |

**차이가 발생한 원인**
매출원가에 포함된 감가상각비 1만 원

**<손익계산서>에 기초해 실제 영업활동 현금흐름으로 교정**
회계상 이익 3만 원 + **현금 비유출 비용** (감가상각비 1만원) = 4만 원

감가상각비, 대손상각비, 투자주식 평가손실, 지분법손실, 유무형자산 손상차손, 무형자산상각비, 외환손실(외화평가손실) 등

㈜맨발로의 2019년 영업이익이 15억 원이고, 이것이 모두 현금이라고 가정해 보겠습니다. 여기에 지분법이익 5억 원이 더해져 세전이익은 20억 원으로 산출되었습니다. 세전이익은 모두 현금일까요? 당연히 아니지요. 지분법이익(지분법수익이라고도 함)은 관계기업의 당기순이익을 지분율만큼 회계상으로 당겨와 영업이익 아랫단에 반영하는 것이지, 실제 현금 유입과는 무관합니다(182~185쪽 참조).

세전이익 20억 원을 실제 현금흐름(현금이익)으로 교정하려면 어떻게 해야 합니까? 현금이 유입되지 않은 수익(지분법이익) 5억 원을 빼주면 됩니다. 앞의 현금 비유출 비용과 같은 교정 원리이지요. 당기순이익을 산출하기까지의 과정에서 반영되었던 현금 비유입 수익을 모두 빼주면 영업활동 현금흐름으로 교정됩니다. 그럼 외상매출액도 현금이 유입되지 않은 수익이니, 빼줘야 하는 건가요? 그렇지 않습니다. 외상매출액은 뒤에서 설명할 텐데요. 매출채권의 증가나 감소 수치를 활용합니다. 조정해줘야 할 현금 비유입 수익으로는 지분법이익, 투자주식 평가이익, 외화환산이익 등이 있습니다.

정리하자면 이렇습니다. 영업활동 현금흐름을 산출하기 위해서는 회계상 이익인 당기순이익에서 출발해야 합니다. 여기에다 현금 유출과 무관한 비용은 다 더합니다. 현금 유입과 무관한 수익은 다 뺍니다. 이렇게 하면 회계이익이 영업활동 현금흐름으로 교정되는데요. 이것이 끝은 아닙니다. 절차가 하나 더 남아있습니다.

## [ (주)맨발로 회계이익을 현금이익으로 교정 ]

영업이익     15억 원
+지분법이익   5억 원
_____

세전이익 **20억 원**

모두
현금으로
가정

**실제로
현금흐름으로
교정**

세전이익     20억 원
- 지분법이익   5억 원
_____

현금이익 **15억 원**

현금이
유입되지
않은 수익

## [ <손익계산서>를 활용해
회계이익을 현금이익으로 교정 (1단계) ]

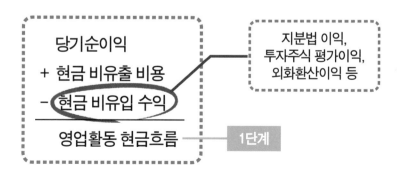

당기순이익
+ 현금 비유출 비용
- 현금 비유입 수익
_____
영업활동 현금흐름     1단계

지분법 이익,
투자주식 평가이익,
외화환산이익 등

# 현금흐름 잡는 두 가지,
# 손익계산서와
# 재무상태표

●●● 회사가 영업활동을 하는 과정에서 자산과 부채에 변동이 생깁니다. 자산으로 매출채권, 재고자산, 선급금 등이 있고, 부채로는 매입채무, 선수금 등이 있습니다. 매입채무는 제품 제조용 원재료나 판매용 상품 같은 것을 외상으로 구매할 때 발생하는 부채입니다.

앞서 현금 유입이나 유출과 무관한 수익과 비용을 빼 주거나 더해줌으로써 당기순이익을 영업활동 현금흐름으로 교정해주는 것을 살펴봤습니다. 이제 2단계로 영업활동과 관련한 자산이나 부채의 증감에 따라 영업활동 현금흐름에 어떤 변동이 생기는지를 살펴보겠습니다.

간단한 예를 하나 들어보겠습니다.

**거래 1** (주)판매왕이 가습기 1대를 현금 10만 원에 구매했습니다.

**거래 2** 이 가습기를 15만 원에 외상판매했습니다.

**거래 3** 다시 가습기 1대를 10만 원 외상으로 구매했습니다.

**거래 4** 이번에는 가습기 1대를 현금 15만 원에 팔았습니다.

## [ <손익계산서>와 <재무상태표>를 활용해 당기순이익을 영업활동 현금흐름(현금 기준 이익)으로 교정하기 ]

당기순이익

**1단계** 현금 비유출 수익과 비용 조정

**2단계** 영업활동 관련 자산과 부채의 변동 조정

영업활동 현금흐름

[거래 1~4]를 보면서 머릿속으로 실제 영업활동 현금흐름은 5만 원이라는 걸 알 수 있습니다. [거래 1]에서 가습기를 사느라 현금 10만 원이 나갔고, [거래 4]에서 가습기를 판매해 15만 원의 현금이 들어왔으니까요.

가습기 1대를 사느라 현금 10만 원이 나갔고, 가습기 1대를 판매해서 현금 15만 원이 들어왔으니······ 영업활동 현금흐름은 5만 원이구나!

실제 기업 거래는 연간 수만~수십만 건이 발생할 텐데요. 거래가 일어날 때마다 현금 기준으로 장부를 다시 만들지는 않습니다. 결산 〈손익계산서〉와 〈재무상태표〉를 활용해 〈현금흐름표〉를 만들어내는 방식을 사용하는데, 이걸 '간접법'이라고 합니다.

비현금 수익과 비용 조정은 〈손익계산서〉 항목을 활용한 조정이고, 영업활동 자산과 부채 증감을 반영하는 것은 〈재무상태표〉를 활용한 조정입니다. 이 두 가지를 결합해 최종 영업활동 현금흐름이 나오는 겁니다.

## [ 영업활동 관련 자산과 부채의 예 ]

영업활동 관련 **자산**

- 매출채권(외상매출에 대한 채권)
- 재고자산(완제품, 제조용 원재료, 제조 중인 제품, 판매용 상품 등)
- 선급금(재화나 서비스 공급 대가로 미리 지급한 돈)

영업활동 관련 **부채**

- 매입채무(원재료나 판매용 상품 등을 외상으로 구매)
- 선수금(재화나 서비스를 공급해 주기로 하고 미리 받은 돈)

# 매출채권, 재고자산, 선급금이 현금흐름에 미치는 영향

●●● 매출채권 증가는 영업활동 현금흐름을 산출할 때 마이너스로 인식합니다. 돈을 못 받고 매출해도 매출액은 증가합니다. 그만큼 매출채권도 증가합니다. 당기순이익도 증가하지요. 하지만 이러한 매출액 증가와 매출채권 증가는 현금흐름 증가와 무관합니다. 따라서 매출채권 증가액만큼은 당기순이익에서 빼줘야 현금흐름에 맞게 교정이 되겠지요.

반면 매출채권 감소는 플러스로 인식합니다. 매출채권이 현금으로 회수되었다는 의미이니까요.

재고자산 증가는 영업활동 현금흐름에 마이너스입니다. 현금을 투입해 제조한 제품이나 구매한 상품이 안 팔려 현금을 회수하지 못하고 있으니까요.

그런데요. '상품을 외상으로 사왔다면 재고자산이 증가했어도 현금흐름에 미치는 영향은 제로(0) 아닌가?'라는 의문이 생길 수 있습니다.

질문 있습니다. 상품을 외상으로 사왔다면 재고자산이 증가했어도 현금흐름에 미치는 영향은 제로 아닌가요?

## [ 매출채권과 영업활동 현금흐름의 관계 ]

> **매출채권 증가액 : 영업활동 현금흐름을 산출할 때 마이너스(−)로 작용**

| 매출채권 증가<br>(외상매출액 증가)<br>현금 유입은 없음 | → | 당기순이익<br>증가 |
|---|---|---|

당기순이익을 현금 기준으로 교정하려면?

| 당기순이익 | ⊖ | 매출채권 증가분<br>(외상매출액 증가분) |
|---|---|---|

⬇

> 매출채권 증가는
> 당기순이익을 영업활동 현금으로
> 교정할 때 마이너스로 작용

> **매출채권 감소액 :**
> **영업활동 현금흐름을 산출할 때 플러스(+)로 작용**
> **(매출채권이 현금으로 회수되었다는 의미)**

예를 들어봅시다. (주)판매왕이 가습기 1대를 10만 원 외상으로 사왔습니다. 재고자산이 증가하면서 동시에 매입채무가 증가하지요. 재고자산 증가는 영업활동 현금흐름을 산출할 때 일단 10만 원 마이너스로 처리합니다. 매입채무 증가는 10만 원 플러스로 처리합니다(매입채무에 대해서는 246~249쪽에서 자세히 설명합니다).

결국 재고자산을 외상 구매하면 재고자산 증가로 마이너스 10만 원, 매입채무 증가로 플러스 10만 원이 작용해 영업활동 현금흐름에 대한 최종 영향은 0이 되지요.

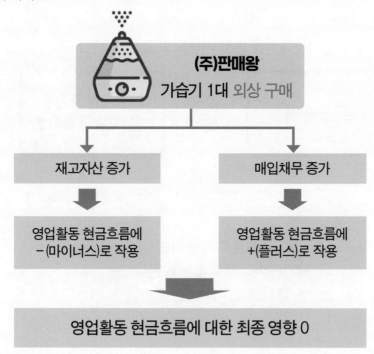

재고자산 감소는 제품이 팔렸다는 의미가 되어 현금흐름에 플러스가 됩니다. 외상으로 팔렸다면 매출채권이 증가(현금흐름에 마이너스)하므로 현금흐름에 대한 최종 영향은 0이 되겠지요.

선급금(미리 준 돈) 증가는 현금흐름에 마이너스, 감소는 플러스입니다.

# 영업활동 관련 자산이
# 영업활동 현금흐름에 미치는 영향

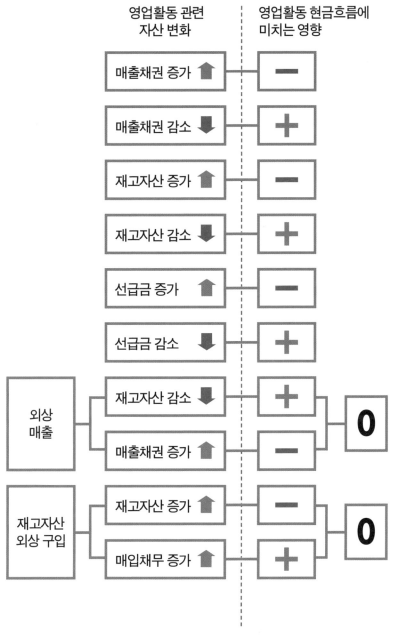

# 매입채무와 선수금이
# 현금흐름에 미치는 영향

●●● 영업활동 관련 부채로 가보겠습니다. 앞서 설명했듯 매입채무 증가는 현금흐름에 플러스입니다. '외상으로 상품재고를 사왔으면 현금흐름은 제로 (0) 아닌가?'라는 의문이 생길 수 있습니다.

이렇게 생각하면 될 것 같습니다. 예를 들어 ㈜판매왕이 가습기 1대를 10만원 외상으로 구매했습니다. 이 가습기가 판매되었다면 매출원가가 되어 당기순이익을 감소시키는 역할을 했겠지요. 그런데 이 가습기를 사느라 지출한 현금은 없습니다. 따라서 당기순이익을 영업활동 현금흐름에 맞게 교정하려면 매입채무 증가액 10만 원을 더해줘야 합니다. 매입채무 감소는 외상값을 갚았다는 의미가 되기 때문에 현금흐름에 마이너스로 반영합니다.

선수금은 미리 받은 돈이지요. 선수금이 증가한다면 회사로서는 돈이 미리 들어오는 거니까 현금흐름에 플러스로 인식합니다. 반면 선수금이 줄어들었다면 마이너스로 반영합니다.

우리 빵집에 마카롱을 납품하면 결제는 1달 후에 하겠습니다.
매입채무 증가
➡ 현금흐름에+

# [ 매입채무와 영업활동 현금흐름의 관계 ]

**매입채무 증가액 :**
**영업활동 현금흐름을 산출할 때 플러스(+)로 작용**

| (주)판매왕 가습기 1대 10만 원 외상 구매 | → | 판매 시 가습기는 비용(매출원가)이 됨 |
|---|---|---|

| 매입채무 증가 (현금 지출은 없음) | | 당기순이익 감소 |
|---|---|---|

현금 지출 없이 구매(매입채무 증가)했던 가습기가
당기순이익을 감소시키는 역할을 함.

**영업활동 현금흐름으로 교정하면 :**
당기순이익 + 매입채무 증가분
➡ 매입채무 증가는 현금흐름에 플러스로 작용

**매입채무 감소액 :**
**영업활동 현금흐름을 산출할 때 마이너스(−)로 작용**
**(현금을 지출해 채무를 갚았다는 의미)**

영업 자산과 부채의 잔액 증감이 영업활동 현금흐름에 주는 영향을 예시로
알아볼까요?

오른쪽 판매왕의 〈재무상태표〉를 보시죠.

① 판매왕의 2019년 말 매출채권 잔액이 30억 원인데, 2020년 말 50억 원으
로 증가했네요. 매출채권이 2020년 판매왕의 영업활동 현금흐름에 미친 영
향은 무엇인가요? 네. 마이너스 20억 원입니다.

② 판매왕의 재고자산이 10억 원 감소했습니다. 재고자산 감소는 영업활동
현금흐름에 플러스입니다.

③ 선급금이 5억 원 감소했습니다. 선급금 감소 역시 영업활동 현금흐름에
플러스입니다.

④ 매입채무가 30억 원 증가했습니다. 헷갈리면요. 외상으로 사면 현금흐름에
도움이 된다는 식으로 생각하면 됩니다. 영업활동 현금흐름에 플러스 30억 원
입니다.

⑤ 판매왕의 선수금이 3억 원 감소했습니다. 영업활동 현금흐름에 3억 원 마
이너스입니다.

## [ (주)판매왕의 재무상태표 ]

| | | 2019년 말 | 2020년 말 | 2020년<br>영업활동 현금흐름 영향 |
|---|---|---|---|---|
| ① | 매출채권 잔액 | 30억 원 | 50억 원 | **- 20억 원** |
| ② | 재고자산 잔액 | 20억 원 | 10억 원 | **+10억 원** |
| ③ | 선급금 잔액 | 5억 원 | 0 | **+5억 원** |
| ④ | 매입채무 잔액 | 10억 원 | 40억 원 | **+30억 원** |
| ⑤ | 선수금 잔액 | 8억 원 | 5억 원 | **- 3억 원** |

## [ 영업활동 관련 부채가<br>영업활동 현금흐름에 미치는 영향 ]

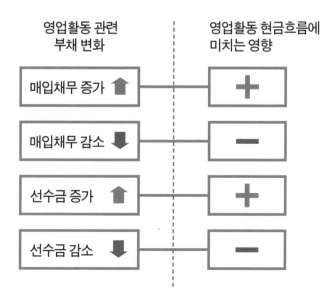

# 현금흐름표는
# 회사의 건강진단서

●●● 앞서 살펴봤던 ㈜판매왕의 [거래1~4]로 돌아가 봅니다. 이제 좀 더 쉽게 이해할 수 있을 것입니다. 거래에 등장하는 영업활동 관련 자산과 부채는 재고자산, 매출채권, 매입채무입니다. 이들의 변동이 영업활동 현금흐름에 미친 영향을 파악해 봅시다.

그림을 보면요. [거래1]에서 재고자산이 증가했습니다. 영업활동 현금흐름 10만 원 마이너스! [거래2]에서 재고자산 감소로 영업활동 현금흐름 10만 원 플러스, 매출채권 증가로 영업활동 현금흐름 15만 원 마이너스입니다. [거래3]에서 매입채무가 증가해 영업활동 현금흐름 10만 원 플러스, 재고자산 증가로 영업활동 현금흐름 10만 원 마이너스입니다. [거래4]에서 재고자산 감소로 영업활동 현금흐름 10만 원 플러스입니다.

[거래1~4]를 합산하면 영업활동 현금흐름은 마이너스 5만 원입니다. 이제 회계상 이익을 이 마이너스 5만원으로 교정해 줘야합니다. 회계상 이익은 [거래2]에서 낸 이익 5만 원과 [거래4]에서 낸 이익 5만 원을 더해 10만 원입니다. 그래서 최종 영업활동 현금흐름은 10만 원+(-5만 원)=5만 원'이 되는 거지요.

영업활동 현금흐름의 기본 원리를 잘 알고 있으면 〈현금흐름표〉만 보고도 회사의 문제점을 짚어낼 수 있습니다. 매출채권이 많아도 영업이 잘되고 생산과 판매가 활발해서 증가하는 것인지, 영업이 안 되고 기존 매출채권 회수가 부진한 게 이유인지 파악할 수 있지요. 회계상 이익과 현금흐름 간 차이가 클 경우 그 원인을 분석해 회사가 어떤 문제를 안고 있는지도 추정할 수 있습니다.

## 영업 관련 자산과 부채 변동에 따른 영업활동 현금흐름 산출해보기

| 거래 | 자산과 부채 변동 | 영업활동 현금흐름 |
|---|---|---|
| 1 가습기 1대를 현금 10만 원에 구매 | 재고자산 증가 ⬆ | − 10만 원 |
| 2 가습기 1대를 15만 원에 외상 판매 | 매출채권 증가 ⬆ | − 15만 원 |
| | 재고자산 감소 ⬇ | + 10만 원 |
| 3 다시 가습기 1대를 10만 원에 외상 구매 | 재고자산 증가 ⬆ | − 10만 원 |
| | 매입채무 증가 ⬆ | + 10만 원 |
| 4 가습기 1대를 현금 15만 원을 받고 판매 | 재고자산 감소 ⬇ | + 10만 원 |

① [ 거래1~4 ] 영업활동 현금흐름 합계 　　　　　− 5만 원

② 〈손익계산서〉 이익 10만 원

〈손익계산서〉 이익　　　　　　　　　　　　10만 원②
+ 자산 부채 변동에 따른 현금흐름 (마이너스 5만 원)①

**영업활동 현금흐름　　　　　　　　　　　　5만 원**

# 당기순이익이 1027억 원인 회사, 영업활동 현금흐름이 -37억 원인 이유

●●● 5세대(5G) 이동통신 장비제조회사 케이엠더블유의 2019년 〈손익계산서〉(〈그림1〉)를 보면 매출 6829억 원, 영업이익이 1367억 원으로 이익률이 20%나 됩니다. 당기순이익도 1027억 원이네요.

그런데 영업활동 현금흐름(〈그림2〉)을 한번 보지요. 마이너스 37억 원, 즉 들어온 돈보다 나간 돈이 37억 원 더 많은 순유출 상태입니다. 회계상 이익과 현금흐름 간에 격차가 아주 큽니다. 비현금흐름 항목 조정이 578억 원입니다. 현금 유출입과 관련 없는 비용과 수익을 더하거나 뺐더니 플러스 578억 원으로, 영업활동 현금흐름에 큰 도움이 되었습니다. 다음으로 살펴볼 것은 영업활동 관련 자산과 부채 변동입니다. 무려 마이너스 1488억 원입니다. 도대체 어떤 자산과 부채가 큰 영향을 줬을까요? 〈그림3〉은 재무제표 주석에 나타난 영업활동 자산과 부채의 변동 내역을 주요 항목만 간추린 것입니다. 매출채권 증가로 1314억 원의 마이너스, 재고자산 증가로 231억 원 마이너스 효과가 발생했습니다. 매입채무 증가는 현금흐름에 도움이 되지요. 플러스 100억 원입니다. 영업 관련 자산과 부채의 변동에서 현금 유출액이 너무 큽니다.

다시 〈그림2〉로 가보면, 이자 수취와 지급액이 있습니다. 현금으로 이자를 주고받은 금액인데요. 기업들은 이것을 대개 영업활동 현금흐름으로 처리합니다. 그리고 법인세 납부액도 있지요. 이렇게 회계상 이익인 당기순이익에서 출발해 비현금 수익과 비용 조정액, 영업 관련 자산과 부채 변동액, 이자 관련 현금 유출입액, 법인세 납부액을 다 고려하면 영업활동 현금흐름이 산출됩니다.

## [ 그림1. 케이엠더블유 손익계산서 ] (단위 : 억 원)

| 구분 | 2019년 |
|---|---|
| 수익(매출액) | 6829 |
| 영업이익(손실) | 1367 |
| 당기순이익(손실) | 1027 |

## [ 그림2. 케이엠더블유 현금흐름표 중 '영업활동 현금흐름' ] (단위 : 억 원)

| 구분 | 2019년 |
|---|---|
| 영업활동 현금흐름 | (37) |
| 당기순이익(손실) | 1027 |
| 비현금 항목에 관한 조정 | 578 |
| 영업활동 관련 자산·부채의 변동 | (1488) |
| 이자수취 | 7 |
| 이자지급 | (39) |
| 법인세납부 | (123) |

## [ 그림3. 케이엠더블유 재무제표 주석 중 '영업활동 자산과 부채의 변동 내역' ] (단위 : 억 원)

| 구분 | 2019년 |
|---|---|
| 매출채권의 감소(증가) | (1314) |
| 재고자산의 감소(증가) | (231) |
| 매입채무의 증가(감소) | 100 |
| 합계 | (1486) |

# 한 분기 만에
# 너무나 달라진 현금흐름
# -케이엠더블유의 반전

●●● 케이엠더블유 같은 〈손익계산서〉와 영업활동 현금흐름을 보면 일단 '분식회계'가 떠오릅니다. '허위 외상 매출로 매출액을 늘려 이익을 창출했지만, 가공 매출이므로 매출채권은 회수가 안 되고 쌓여있는 형태가 아닐까?' 하는 의심이지요.

그런데 실상 케이엠더블유는 2019년에 5G 이동통신장비 수주를 많이 했고, 자금 회수까지 시간이 오래 걸리다 보니 영업활동 현금흐름이 악화한 경우였습니다. 케이엠더블유의 주요 거래처 가운데 삼성은 결제가 한 달 이내지만 해외 발주처들은 보통 6~9개월로 긴 편이라고 합니다.

장비 제작에 자금이 투입되었는데, 매출채권 회수가 느리다 보니 들어온 돈과 나간 돈 사이의 불일치가 심해진 것이지요.

이 매출채권들이 2019년 말~2020년 1분기에 걸쳐 대거 회수되면서 케이엠더블유의 현금흐름에 큰 변화가 발생합니다.

# [ 당기순이익과 영업활동 현금흐름의 미스매치 ]

〈그림1〉은 케이엠더블유의 2020년 1분기 재무제표(연결기준)에 나타난 영업활동 현금흐름입니다. 1분기의 당기순이익이 130억 원인데, 영업활동 현금흐름은 무려 982억 원이나 됩니다.

비현금 항목 조정은 4000만 원으로 현금흐름에 거의 도움이 되지 않았습니다. 영업활동 자산과 부채의 변동에서 무려 921억 원이 현금흐름에 플러스가 되었네요. 2019년과는 완전히 다른 양상이지요.

〈그림2〉는 케이엠더블유 재무제표 주석에 나타난 영업활동 자산과 부채의 세부 변동 내역입니다. 2019년 말 대비 매출채권 잔액이 973억 원이나 감소해 현금흐름에 플러스가 되었습니다. 재고자산도 감소해 102억 원 플러스, 매입채무는 131억 원 감소로 현금흐름에는 마이너스가 되었네요.

이렇게 확보한 영업활동 현금흐름은 생산 및 운영 자금, 투자자금, 차입금 상환자금 등으로 쓰입니다.

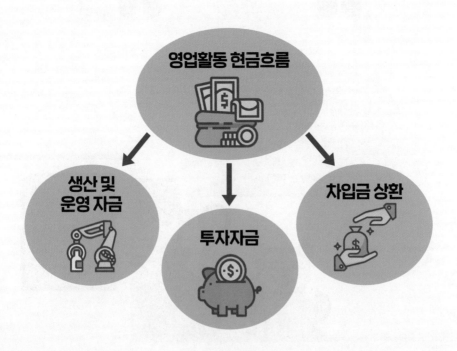

[ 그림1. 케이엠더블유 영업활동 현금흐름 ] (단위 : 억 원)

| 구분 | 2020년 1분기 |
|---|---|
| 영업활동 현금흐름 | 982 |
| 당기순이익(손실) | 130 |
| 비현금 항목 조정 | (0.4) |
| 영업활동 관련 자산·부채의 변동 | 921 |
| 이자수취 | 2 |
| 이자지급 | (9) |
| 법인세납부 | (62) |

**[ 그림2. 케이엠더블유 재무제표 주석 중
'영업활동 자산과 부채의 세부 변동 내역' ]**

(단위 : 억 원)

| 구분 | 2020년 1분기 |
|---|---|
| 매출채권의 감소 | 973 |
| 재고자산의 감소 | 102 |
| 매입채무의 감소 | (131) |
| 합계 | 921 |

# 투자활동 현금흐름과
# 재무활동 현금흐름 이해하기

●●● 이제 투자활동과 재무활동 현금흐름으로 넘어가 보겠습니다. 이 두
가지는 영업활동 현금흐름과는 달리 직관적으로 이해할 수 있습니다. 실제
기업의 〈현금흐름표〉를 한번 보겠습니다.

케이엠더블유의 2019년 〈연결현금흐름표〉입니다. 〈그림1〉을 보면 투자활동
현금흐름에서 178억 원의 순유출이 있었지요(①). 유형자산을 처분하면 현금
이 들어옵니다(②). 플러스 37억 원!

유형자산과 무형자산을 취득하느라 각각 현금 180억 원과 17억 원을 지출했
습니다(④, ⑤). 관계기업 지분을 취득해 15억 원이 유출되었네요(③).

처분하면 돈이 들어오고, 취득하면 돈이 나가지요. 쉽습니다!

재무활동 현금흐름을 보면 175억 원 순유입입니다(⑥). 이 회사는 2019년에
자금 사정이 좋지 않았습니다. 영업활동에서 현금이 순유출되었고, 투자활동
도 유형자산 취득으로 순유출이었지요. 이런 회사는 재무활동으로 외부자금
을 많이 끌어올 수밖에 없습니다.

재무활동에서는 현금 순유입이 있었습니다. 구체적으로 살펴보면, 335억 원
을 단기차입(⑦)하고 회사채를 440억 원 발행했습니다(⑩). 자기주식 처분
(27억 원)(⑧)과 장기차입(49억 원)(⑨)으로도 자금을 조달했네요. 이런 돈으로
기존 단기차입금 484억 원을 갚고(⑪), 사채도 100억 원 갚았습니다(⑫). 이
돈은 영업자금, 투자자금으로도 활용되었겠지요.

# [ 그림1. 케이엠더블유 2019년 연결현금흐름표 ]

(단위 : 억 원)

| | 구분 | 2019년 |
|---|---|---|
| ① | 투자활동 현금흐름 | (178) |
| ② | 유형자산의 처분 | 37 |
| ③ | 관계기업에 대한 투자자산의 취득 | (15) |
| ④ | 유형자산의 취득 | (180) |
| ⑤ | 무형자산의 취득 | (17) |
| ⑥ | 재무활동 현금흐름 | 175 |
| ⑦ | 단기차입금의 증가 | 335 |
| ⑧ | 자기주식의 처분 | 27 |
| ⑨ | 장기차입금의 증가 | 49 |
| ⑩ | 사채의 증가 | 440 |
| ⑪ | 단기차입금의 상환 | (484) |
| ⑫ | 사채의 감소 | (100) |

〈그림2〉에서 영업, 투자, 재무 활동 현금흐름을 모두 더해보면 40억 원의 현금 순감소로 집계되었습니다. 2019년 초 현금 및 현금성 자산이 538억 원이었는데 연말에는 498억 원으로 줄었지요.

참고로, 2020년 1분기 케이엠더블유의 현금흐름도 살펴보겠습니다(〈그림3〉). 영업에서 돈 벌어 투자하고(유형자산 취득), 빚도 갚고(차입금 상환) 해도 841억 원의 현금 순증가가 있었습니다.

회사는 이익을 내야 계속 생존할 수 있습니다. 〈손익계산서〉상 이익은 현금하고 일치하지 않는다고 했습니다. 하지만 이런 회계상 이익은 시간이 지나면서 계속해 현금이 되기 때문에 회사는 존속할 수 있습니다. 만약 회계상 이익의 현금화가 더뎌지거나 불가능해진다면 어떻게 될까요? 당연히 회사는 자금난을 겪게 되고 최악의 경우에는 부도를 내고 문을 닫아야 합니다.

그래서 회사의 현금흐름을 잘 봐야 합니다. 〈재무상태표〉의 영업 관련 자산과 부채의 변동 상황만 봐도 회사의 자금 사정을 어느 정도는 짐작할 수 있지만, 〈현금흐름표〉를 통해 회사의 전반적인 현금흐름을 주의 깊게 볼 필요가 있습니다.

# [ 그림2. 케이엠더블유 2019년 현금성 자산 증감 ]

(단위 : 억 원)

| 구분 | 2019년 |
|---|---|
| 현금 및 현금성 자산의 순증가(감소) | (40) |
| 기초 현금 및 현금성 자산 | 538 |
| 기말 현금 및 현금성 자산 | 498 |

# [ 그림3. 케이엠더블유 2020년 1분기 현금흐름 ]

(단위 : 억 원)

| 구분 | 2020년 1분기 |
|---|---|
| 영업활동 현금흐름 | 982 |
| 투자활동 현금흐름 | (54) |
| 재무활동 현금흐름 | (154) |
| 현금 및 현금성 자산의 순증가 | 841 |
| 기초 현금 및 현금성 자산 | 496 |
| 기말 현금 및 현금성 자산 | 1337 |

# 분식회계 실마리 보여주는 대우조선해양 이익과 현금흐름의 괴리

● ● ● 2015년 7월 대우조선해양은 2조 원대 손실 은폐 의혹에 휩싸입니다. 대우조선해양은 2012~2014년까지 해마다 꾸준하게 4000억 원대의 영업이익을 냈다고 발표했습니다. 그런데 이상한 점이 있었습니다. 영업활동 현금흐름은 영업이익과 달리 2012년 마이너스 9960억 원, 2013년 마이너스 1조 1979억 원, 2014년 마이너스 5602억 원 등 막대한 순유출을 기록하고 있었던 겁니다.

회사는 영업과 투자 자금이 부족해 단기차입으로 굴러가고 있었고, 사람들은 의심하면서도 설마 설마 하고 있었던 거지요. 당시 필자가 만나봤던 애널리스트들도 여러 가지 의심스러운 정황과 분석을 이야기했지만 드러내놓고 리포트를 쓰지는 못했습니다. 공신력 있는 금융회사에서 뚜렷한 물증 없이 분식 가능성을 언급하기는 어려웠던 것이지요.

결국 금융당국에서 감리(재무제표의 적정성을 검사함)에 나서고 검찰수사로까지 이어지면서 분식회계가 드러났습니다.

〈그림1〉에 나타난 애초의 영업이익(①)은 분식의 결과물이었고, 감리와 재감사를 거쳐 모두 바뀌었습니다(〈그림2〉 ②).

회계상 이익과 현금흐름간 괴리가 크다고 해서 모두 분식회계는 아니겠지만, 회사의 유동성 위기 가능성도 있으니 영업 상황 등을 잘 봐야 합니다.

## [ 그림1. 대우조선해양 영업이익과 영업활동 현금흐름 추이 ]

| 구분 | 2012년 | 2013년 | 2014년 |
|---|---|---|---|
| 매출 | 14조 578억 원 | 15조 3502억 원 | 16조 7862억 원 |
| 영업이익① | 4862억 원 | 4409억 원 | 4711억 원 |
| 영업활동 현금흐름 | (9960억 원) | (1조 1979억 원) | (5602억 원) |

## [ 그림2. 금융당국 감리와 재감사를 거쳐 바뀐 대우조선해양 영업이익(손실) ]

| 구분 | 2012년 | 2013년 | 2014년 |
|---|---|---|---|
| 영업손실② | (720억 원) | (1조 100억 원) | (5650억 원) |

# 연결재무제표와
# 재무비율
# 분석

# 경제적으로 한 몸인 '연결실체', 지배기업과 종속기업

●●● 앞서 가습기 제조업체 ㈜촉촉이 유통업체 ㈜헬로마트의 지분을 30% 보유하고 있다면, 촉촉은 헬로마트를 '관계기업'으로 분류하고 지분법 회계를 한다는 걸 배웠습니다(180~181쪽). 관계기업 지분율 기준은 일반적으로 20~50%입니다. 이 범위에 들면 특별한 사정이 없으면 관계기업으로 본다는 것이지요.

그런데 만약 촉촉이 가진 지분이 50%를 초과하면요? 회계기준에서는 이 경우에는 촉촉이 헬로마트에 대해 '지배력'을 가진 것으로 봅니다. 쉽게 말하자면 헬로마트의 영업이나 재무 정책 등 주요 의사결정을 촉촉이 좌지우지할 힘이 있다는 것이지요. 그래서 촉촉을 지배기업, 헬로마트를 종속기업이라고 부릅니다. 촉촉은 지배기업으로서 종속기업인 헬로마트와의 연결재무제표를 작성해 공시해야 할 의무가 있습니다. '연결'이라는 것은 두 회사를 경제적으로는 한 몸이라고 보고, 한 회사인 것처럼 재무제표를 작성한다는 것이지요. 이 한 몸을 연결실체라고 합니다. 그냥 쉽게 말해서 촉촉과 그 종속기업인 헬로마트를 통틀어 연결실체라고 부르는 거지요.

지분율 50% 초과는 지배력 유무를 결정짓는 절대적 기준은 아닙니다. 지분율이 50% 이하여도 나머지 주주들이 광범위하게 분산되어 있다면 지배력을 가진 것으로 볼 수 있습니다. 예를 들어 SK그룹 지주회사인 SK㈜가 종속기업으로 분류하고 있는 SK텔레콤 지분율은 26.8%밖에 되지 않습니다. SK㈜는 이 밖에도 지분율 20~40%대의 여러 계열회사를 종속기업으로 분류하고 연결회계를 하고 있습니다.

# [ 관계기업(지분율 20~50% 이하) ]

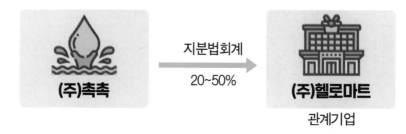

# [ 지배기업과 종속기업(지분율 50% 초과) ]

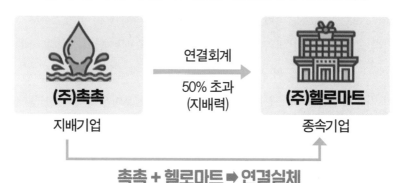

# [ 지배기업과 종속기업(지분율 50% 이하여도 지배) ]

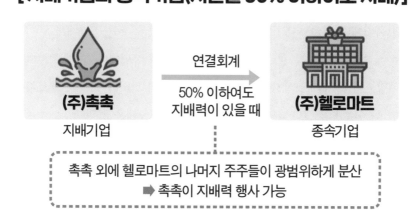

# 연결재무제표 손익 계산, 내부거래 지우기

●●● 두 회사를 한 몸으로 보고 회계 처리를 한다는 게 어떤 것인지 간단한 예를 통해 살펴보겠습니다. (주)촉촉과 (주)헬로마트 간에 서로 거래가 없다면, 〈연결손익계산서〉를 만드는 건 간단합니다. 두 회사의 매출을 더하면 연결매출, 영업이익을 더하면 연결영업이익, 당기순이익을 더하면 연결당기순이익이 되니까요. 그런데 두 회사 간에 거래가 있을 때는 달라집니다. 촉촉이 헬로마트 지분 60%를 취득해 연결회계를 한다고 해 봅시다.

촉촉이 가습기 1대를 제조원가 10만 원에 만들어 헬로마트에게 15만 원에 팔았습니다. 헬로마트는 이 가습기를 25만 원에 소비자에게 팔았습니다. 개별재무제표로 보면, 촉촉의 매출액은 15만 원, 매출원가는 10만 원, 매출이익은 5만 원입니다. 헬로마트의 매출액은 25만 원, 매출원가는 15만 원, 매출이익은 10만 원이지요. 두 회사를 연결해 한 회사로 보면 어떨까요? 단순합산하면 매출 40만 원(15만 원+25만 원), 매출원가 25만 원(10만 원+15만 원), 매출이익 15만 원(5만 원+10만 원)이 됩니다.

그런데 이렇게 계산하면 틀리지요. 연결회계를 하면 촉촉의 공장에서 10만 원을 들여 만든 가습기를 헬로마트에게 매출한 것이 아닙니다. 단지 헬로마트의 매장으로 옮겨와 소비자에게 25만 원에 판 것이 됩니다. 촉촉과 헬로마트는 한 회사니까요. 그래서 〈연결손익계산서〉의 매출액은 25만 원, 매출원가는 10만 원, 매출이익은 15만 원이 되지요. 이익은 단순합산했을 때나 연결했을 때 모두 15만 원으로 똑같지만, 매출액과 매출원가는 달라집니다. 연결회계에서는 연결실체 내에서 발생한 내부거래는 지워야 합니다.

## [ (주)촉촉과 (주)헬로마트 단순합산 ]

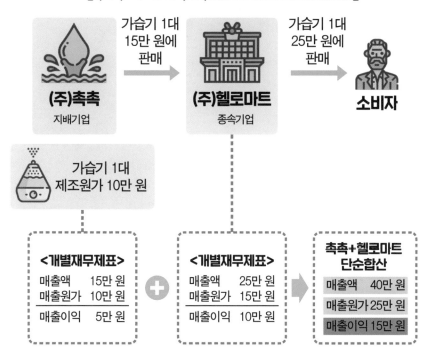

## [ (주)촉촉과 (주)헬로마트 연결재무제표 ]

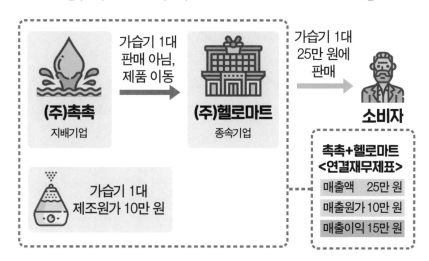

# 지배력 이용해
# 매출과 이익 늘려도
# 연결회계에서 교정

●●● 연결과 개별합산은 항상 이익은 같고 매출만 다를까요? 헬로마트가 촉촉으로부터 받은 가습기 1대를 아직 소비자에게 판매하지 못하고 재고자산으로 보유하고 있다는 가정하에 결산해 봅시다.

먼저 개별기준 결산입니다. 촉촉은 헬로마트에게 가습기 1대를 판 것이 되지요. 매출액 15만 원, 매출원가 10만 원, 매출이익 5만 원입니다. 헬로마트는 재고자산만 갖고 있을 뿐 매출이 없고, 따라서 매출원가도 없고, 매출이익도 없습니다.

연결을 하면 어떻게 될까요? 공장에서 제조원가 10만 원을 들여 만든 가습기를 매장에 갖다놓았는데 아직 못 팔고 있는 셈입니다. 〈연결손익계산서〉의 매출액은 '0'입니다. 따라서 매출원가도 없고, 매출이익도 없습니다.

지배력을 이용해 종속기업에 제품을 떠넘겨 지배기업이 개별기준 매출과 이익을 늘려봐야 연결회계에서 이렇게 다 교정됩니다. 그래서 K-IFRS에서는 연결재무제표를 주(主) 재무제표로, 개별기준의 재무제표를 보조로 활용합니다.

〈재무상태표〉도 간단한 예를 하나 들어보지요. 촉촉이 헬로마트로부터 10억 원을 빌렸다고 합시다. 개별 〈재무상태표〉상으로 촉촉은 10억 원의 차입금 부채를, 헬로마트는 10억 원의 대여금 자산을 기록하겠지요.

연결하면 한 회사 내에서 현금 10억 원이 단순이동한 것에 불과합니다. 두 회사의 개별 〈재무상태표〉를 합산하면서 차입금과 대여금을 삭제(상계) 처리하면 됩니다.

# [ 개별기준 결산 ]

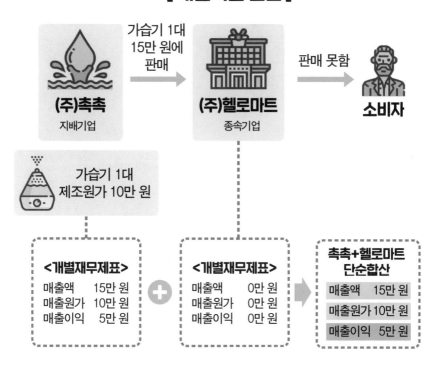

# [ 연결기준 결산 ]

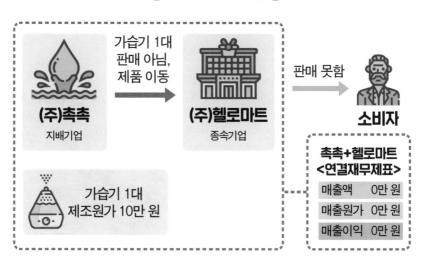

# 당기순이익을
# 둘로 나누는 이유
# - 탑엔지니어링

●●● 〈연결손익계산서〉를 보면 당기순이익을 둘로 나누어놓은 것을 발견할 수 있습니다.

반도체 장비회사 탑엔지니어링의 2019년 〈연결손익계산서〉를 보면 2019년 658억 원의 당기순이익을 냈습니다. 이 가운데 '지배기업 소유주'에게 362억 원이 귀속되고, '비지배지분'에게 296억 원이 귀속된다고 기재되어 있네요.

〈연결재무상태표〉를 보면 자본도 마찬가지로 둘로 나뉩니다. 지배기업 소유주 몫에 해당하는 자본이 있고, 비지배주주 몫에 해당하는 자본이 있습니다.

SK(주)의 2019년 〈연결재무상태표〉를 보면 자본은 52조 1826억 원입니다. 이 가운데 '지배기업 소유주 귀속 자본'이 16조 6858억 원이고, '비지배지분 소유주 귀속 자본'이 35조 4969억 원입니다.

## [ (주)탑엔지니어링 연결손익계산서 ]

| 구분 | 2019년 |
|---|---|
| 수익(매출액) | 1조 3059억 원 |
| 영업이익 | 706억 원 |
| 당기순이익 | 658억 원 |
| 지배기업 소유주 귀속 당기순이익 | 362억 원 |
| 비지배지분 귀속 당기순이익 | 296억 원 |

## [ SK(주) 연결재무상태표에서 자본 내역 ]

| 구분 | 2019년 |
|---|---|
| 자본 | |
| 지배기업의 소유주에게 귀속되는 자본 | 16조 6858억 원 |
| 비지배지분 소유주에게 귀속되는 자본 | 35조 4969억 원 |
| 자본총계 | 52조 1826억 원 |

예를 들어 봅시다. (주)촉촉이 (주)헬로마트 지분 60%를 취득해 지배–종속 관계가 되었습니다. 촉촉의 주주는 갑, 을, 병이고, 헬로마트의 주주는 촉촉과 A, B, C라고 해 보지요.

촉촉은 2019년에 50억 원의 당기순이익을, 헬로마트는 10억 원의 당기순이익을 냈습니다. 두 회사 간에는 거래가 전혀 없다고 가정합니다.

촉촉의 〈연결손익계산서〉를 만들면 연결당기순이익은 60억 원(50억 원 +10억 원)이 됩니다. 그런데 헬로마트의 당기순이익 10억 원은 모두 촉촉의 몫일까요?

아닙니다. 촉촉은 헬로마트 60% 주주이므로 6억 원만 촉촉의 몫입니다. 나머지 4억 원은 헬로마트의 지분 40%를 가진 A, B, C의 몫입니다.

그렇다면 연결당기순이익 60억 원 가운데 56억 원(촉촉이 스스로 창출한 50억 원+헬로마트의 10억 원 중 6억 원)만 지배기업 촉촉의 주주(소유주)인 갑, 을, 병의 것이 됩니다. 나머지 4억 원은 비지배주주(비지배지분)인 A, B, C의 몫인 겁니다. 그래서 연결당기순이익의 귀속을 이렇게 구분해 보여주는 것입니다. 자본도 마찬가지입니다.

# 연결당기순이익의 지배기업 소유주와 비지배주주의 지분

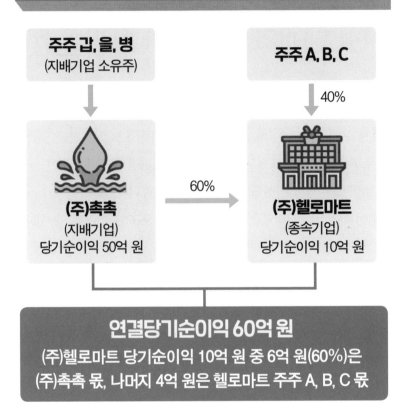

**주주 갑, 을, 병**
(지배기업 소유주)

**주주 A, B, C**

40%

**(주)촉촉**
(지배기업)
당기순이익 50억 원

60%

**(주)헬로마트**
(종속기업)
당기순이익 10억 원

## 연결당기순이익 60억 원

(주)헬로마트 당기순이익 10억 원 중 6억 원(60%)은 (주)촉촉 몫, 나머지 4억 원은 헬로마트 주주 A, B, C 몫

## [ (주)촉촉 연결재무제표 ]

| 당기순이익 | 60억 원 |
|---|---|
| 지배기업의 소유주 귀속 당기순이익 | 56억 원 |
| 비지배지분 귀속 당기순이익 | 4억 원 |

# LG전자 지배주주 몫의
# 당기순이익은
# 왜 비지배주주 몫보다 작을까?

●●● 탑엔지니어링은 카메라 모듈 제조업체 파워로직스 지분 33.4%를 보유하면서 종속기업으로 분류하고 있습니다. 지분율이 50%를 초과하지 않아도 다른 주주들의 지분이 광범위하게 분산되어 있다면 지배력 행사가 가능하므로 '지배-종속 관계'가 성립된 것으로 볼 수 있습니다.

2019년 탑엔지니어링의 〈연결손익계산서〉를 보면 658억 원의 당기순이익을 냈습니다. 이 가운데 362억 원은 탑엔지니어링 주주들 즉 지배주주의 몫입니다. 나머지 296억 원은 비지배주주 몫입니다. 만약 탑엔지니어링의 주당순이익이 얼마냐고 묻는다면 362억 원을 유통주식수로 나누어야지, 658억 원을 사용하면 안 됩니다. 이번에는 연결자본(순자산)을 봅시다. 연결자본총계 3735억 원 가운데 지배기업 소유주 몫은 2124억 원이네요. 탑엔지니어링의 주당순자산액을 구할 때도 마찬가지로 3735억 원이 아니라 2124억 원을 사용해야 합니다.

탑엔지니어링의 종속기업 파워로직스는 이익과 자본 규모가 크고, 비지배주주들이 가진 지분율도 큽니다. 그래서 비지배주주 귀속분도 상당히 크게 나타나는데요. 일반적으로 비지배주주 몫이 이렇게 크지는 않습니다.

LG전자의 경우 2017, 2018년은 연결당기순이익 중 지배기업 소유주 지분(몫)이 압도적입니다. 그런데 2019년에는 비지배주주 몫보다 훨씬 작습니다. LG전자의 개별 실적에다 종속기업들의 당기순이익 중 LG전자 몫에 해당하는 금액을 더했는데도 지배기업 몫이 313억 원밖에 되지 않는 이유는 LG전자가 개별 실적에서 당기순손실을 냈기 때문입니다.

## [ (주)탑엔지니어링 연결손익계산서 ]

| 구분 | 2019년 |
| --- | --- |
| 수익(매출액) | 1조 3059억 원 |
| 영업이익 | 706억 원 |
| 당기순이익 | 658억 원 |
| 지배기업 소유주 귀속 당기순이익 | 362억 원 |
| 비지배지분 귀속 당기순이익 | 296억 원 |

## [ (주)탑엔지니어링 연결재무상태표의 자본 ]

| 구분 | 2019년 |
| --- | --- |
| 자본총계 | 3735억 원 |
| 지배기업 소유주 귀속 자본 | 2124억 원 |
| 비지배지분 귀속 자본 | 1611억 원 |

## [ LG전자 2017~2019년 당기순이익과 지배주주, 비지배주주의 몫 ]

| 구분 | 2017년 | 2018년 | 2019년 |
| --- | --- | --- | --- |
| 당기순이익 | 1조 8695억 원 | 1조 4728억 원 | 1799억 원 |
| 지배기업의 소유주 지분 | 1조 7258억 원 | 1조 2401억 원 | 313억 원 |
| 비지배지분 | 1437억 원 | 2327억 원 | 1486억 원 |

# 연결재무제표,
# 어떨 때 작성하는 걸까?

●●● 연결재무제표를 작성해야 한다는 것은 그 회사가 종속기업을 가지고 있다는 이야기입니다. A사가 지분을 가지고 있는 회사가 B(60%), C(30%), D(10%) 세 곳이라고 해 봅시다. A는 B에 대한 지배력을 가지고 있으므로 B와는 연결회계를 해야 합니다. A와 B는 한 회사처럼 연결실체를 구성하지요. 그다음으로, C는 특별한 사정이 없으면 관계기업으로 분류해 지분법회계를 합니다.

D에 대해서는 공정가치를 평가해 손익을 반영합니다. 예를 들어보겠습니다. A가 2019년 초 D 지분 10%를 10억 원에 취득하고 '당기손익 반영 공정가치 측정 금융자산'으로 분류했다고 해 보겠습니다. 2019년 말 결산 시 D 지분가치가 15억 원이 되었다면 A는 영업외수익(투자주식 평가이익)으로 5억 원, 만약 8억 원이 되었다면 영업외비용(투자주식 평가손실)으로 2억 원을 반영하면 된다는 얘기입니다. D가 상장사라면 D 지분은 당연히 당기손익 반영 금융자산으로 분류합니다. D가 비상장사라도 별도의 평가방법을 통해 공정가치 측정이 가능하다면 당기손익 반영 금융자산으로 분류할 수 있습니다.

이번에는 A가 기업 세 곳의 지분을 가지고 있는데, 보유 지분이 B 30%, C 20%, D 10%라고 해 보겠습니다. 일반적인 지분율 기준으로 보면 종속기업이 없어 연결재무제표를 작성할 필요가 없습니다. A는 개별재무제표만 작성하면 되는데요. B와 C는 관계기업으로 분류해야 하므로 지분법회계를 적용합니다. D에 대해서는 공정가치를 평가해 손익을 반영합니다.

# A사가 연결재무제표를 작성하는 경우와 개별재무제표만 작성하는 경우

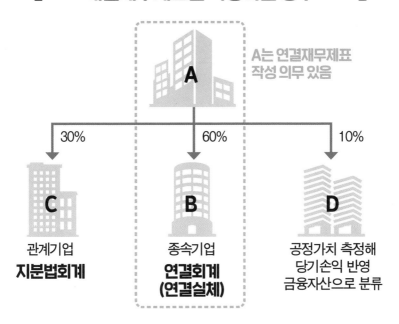

A는 연결재무제표 작성 의무 있음

30%

C
관계기업
**지분법회계**

60%

B
종속기업
**연결회계
(연결실체)**

10%

D
공정가치 측정해
당기손익 반영
금융자산으로 분류

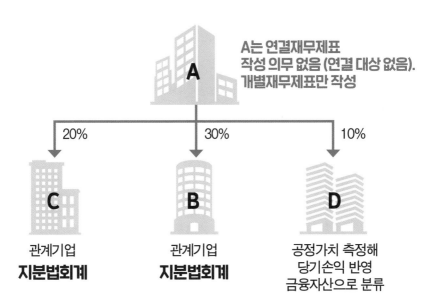

A는 연결재무제표
작성 의무 없음 (연결 대상 없음).
개별재무제표만 작성

20%

C
관계기업
**지분법회계**

30%

B
관계기업
**지분법회계**

10%

D
공정가치 측정해
당기손익 반영
금융자산으로 분류

# 재고가 얼마나
# 빨리 팔리는가?
# 재고자산 회전율 구하기

●●● 지금부터는 기업을 분석하고 평가하는데 있어 가장 중요한 지표 가운데 하나라고 할 수 있는 영업순환주기에 대해 알아볼 텐데요. 먼저 기업의 활동성 평가 지표인 재고자산 회전율과 매출채권 회전율에 대해 살펴보겠습니다.

재고자산 회전율은 기업이 보유한 재고자산이 얼마나 빨리 판매되느냐를 보여주는 지표라고 할 수 있습니다. 매출원가를 평균재고자산으로 나누어 구합니다. 이때 평균재고자산은 '(전년도 말 재고자산 잔액+당해 연도 말 재고자산 잔액)/2'라는 식으로 구합니다. 분자에 매출액을 넣기도 하는데요. 매출액은 재고자산 가격에 일정한 이윤이 붙은 판매금액이므로 매출원가를 사용하는 것이 일반적입니다.

빙과류 제조업체 (주)꽁꽁의 2020년 재고자산 회전율을 구해 봅시다. 꽁꽁의 재고자산 잔액이 2019년 말 30억 원, 2020년 말 70억 원입니다. 평균재고자산은 50억 원(30억 원+70억 원/2)입니다. 2020년의 매출원가는 500억 원입니다. 그렇다면 꽁꽁의 재고자산 회전율은 '500억 원/50억 원=10'입니다.

## 재고자산 회전율

$$\frac{당기\ 매출액}{평균재고자산} \quad 또는 \quad \frac{당기\ 매출원가}{평균재고자산}$$

*평균재고자산 : (전기 말 재고자산 잔액 + 당기 말 재고자산 잔액)/2

## [ 2020년 (주)꽁꽁의 재고자산 회전율은? ]

- 매출원가 : 2020년 매출원가 500억 원
- 평균재고자산 : 50억 원

  (2019년 말 재고잔액 30억 원
  + 2020년 말 재고잔액 70억 원)/2

**재고자산 회전율? 10 ( = 500억 원 / 50억 원)**

**재고자산 회전기간? 36.5일 ( = 365일 / 10)**

'10'이라는 재고자산 회전율이 어느 정도인지 직관적으로 감이 잘 오지 않기 때문에 재고자산 회전일수로 변환시켜 보겠습니다.

1년 365일을 재고자산 회전율 10으로 나누면 36.5일이라는 재고자산 회전일수가 나옵니다. 재고자산이 판매되는 데까지 걸린 평균시간이 36.5일이라는 거지요.

신선식품 배송업체 마켓컬리(회사명 컬리)는 이마트보다 재고자산 회전기간이 훨씬 짧지요. 신선식품이 주력이기 때문입니다. 동종 신선식품 배송업체끼리 비교하면 오아시스가 마켓컬리보다 7일 정도 짧다는 걸 알 수 있습니다.

## 마켓컬리, 이마트, 오아시스의 2019년 재고자산 회전율과 회전기간

| 구분 | 마켓컬리 | 이마트<br>(개별재무제표 기준) | 오아시스 |
|---|---|---|---|
| 2019년 매출원가 | 3237억 원 | 9조 5277억 원 | 1065억 원 |
| 2018년 말 재고자산 | 71억 원 | 8499억 원 | 27억 원 |
| 2019년 말 재고자산 | 236억 원 | 9150억 원 | 31억 원 |
| 평균재고자산 | 154억 원 | 8825억 원 | 29억 원 |
| 재고자산 회전율 | 21 | 7.4 | 37 |
| 재고자산 회전기간 | 17일 | 49일 | 10일 |

# 얼마나 빨리 팔고, 빨리 회수하는가? 매출채권 회전율과 영업순환주기

●●● 기업은 거래 시 현금을 주고받는 경우가 거의 없습니다. 대금결제를 거래 이후 일정 시간이 지난 뒤에 하므로 매출채권이 필연적으로 발생합니다. '매출채권 회전율'은 팔린 재고자산이 얼마나 빨리 현금으로 회수되는지를 나타내는 지표라고 할 수 있습니다. 매출액을 평균매출채권으로 나누어서 구하는데요. 평균매출채권이라는 것은 '(전년 말 매출채권 잔액+당해 연도 말 매출채권 잔액)/2'라는 식으로 구할 수 있습니다.

이마트의 매출채권 회전기간을 구해보면, 7.3일입니다. 소비자들이 신용카드 또는 각종 페이(간편결제)로 결제를 해서 매출채권 현금화 속도는 아주 빠른 것 같습니다.

영업순환주기는 재고자산 회전기간과 매출채권 회전기간을 더한 것입니다. 즉 이마트의 경우 상품 재고자산을 매입한 시점부터 판매되고 현금으로 회수되기까지 걸리는 기간을 말합니다. '49일+7.3일'을 하면 56.3일 걸리는 셈입니다. 제조업체의 경우 영업순환주기는 원재료를 구매해 완제품으로 만든 뒤 판매하고 현금을 회수하는데 걸리는 기간을 말합니다.

영업순환주기는 일반적으로 1년 이내가 정상이라고 봅니다. 하지만 짧으면 짧을수록 좋습니다. 그만큼 현금흐름이 빠르다는 이야기가 되니까요. 영업순환주기가 과거보다 길어졌다면 판매 또는 회수 속도 아니면 둘 다 과거만 못하다는 것이니까 원인을 분석해 볼 필요가 있습니다.

## 이마트 2019년
## 매출채권 회전율과 회전기간

| 구분 | 금액 |
|---|---|
| 매출액 | 13조 1548억 원 |
| 2018년 말 매출채권 잔액 | 2521억 원 |
| 2019년 말 매출채권 잔액 | 2688억 원 |
| 평균매출채권 | 2604억 원 |
| 매출채권 회전율 | 50 |
| 매출채권 회전기간 | 7.3일 |

## [ 제조업체 영업순환주기 ]

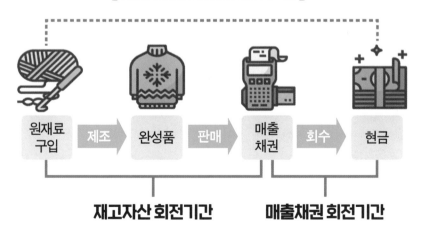

# 투자자가 재무제표에서
# 가장 먼저 봐야 할 것은?

●●● 재무제표를 1분만 보여준다면 우리는 무엇을 확인해야 할까요? 회사가 존속할 수 있을지부터 확인해야 할 것입니다. 회사가 망한다는 것은 부채를 갚지 못한다는 의미입니다. 그렇다면 단기채무상환능력을 확인하는 것이 중요합니다.

단기채무상환능력을 확인하려면 〈재무상태표〉의 유동자산과 유동부채를 봐야 합니다. 유동자산이 유동부채보다 많다면 어느 정도 단기채무상환능력이 있는 것으로 볼 수 있습니다. 유동자산을 유동부채로 나누어 비율로 분석하기도 하는데요. 이를 유동비율이라고 합니다.

일반적으로 유동비율이 150% 이상이어야 안정적이라고 판단합니다. 2019년 말 코스닥 상장사 전체의 평균 유동비율은 163%를 기록하고 있습니다. 섬유, 의류업이 185%, 제약업이 285%로 상대적으로 높고 제지·목재업이 96%, 금융업이 87%로 상대적으로 낮은 유동비율을 나타내고 있습니다.

유동비율과 함께 영업순환주기를 확인한다면 회사의 제품이나 서비스가 얼마나 효율적으로 현금화 되는지 분석할 수 있습니다.

당좌비율은 유동비율보다 더 엄격하게 단기채무를 확인할 수 있는 지표입니다. 유동자산에서 재고자산을 뺀 것이 당좌자산입니다. 이것을 유동부채로 나누면 당좌비율이 됩니다. 재고자산은 유동자산 항목에 포함되어 있지만 단기간에 팔리지 않는 재고자산도 있으므로, 유동자산에서 재고자산을 빼는 것입니다. 일반적으로 당좌비율이 100% 이상이어야 안정적인 회사로 판단합니다.

# [ 단기채무상환능력을 보여주는 지표 1 ]

## 유동비율(%) = (유동자산/유동부채) × 100

자료 : 통계청, 2019년 12월 말 기준

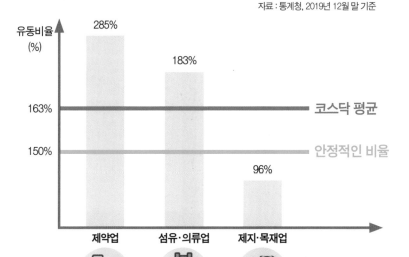

유동비율
(%)

285%

183%

163% ─── 코스닥 평균

150% ─── 안정적인 비율

96%

제약업     섬유·의류업     제지·목재업

# [ 단기채무상환능력을 보여주는 지표 2 ]

## 당좌비율(%)
= [ (유동자산 − 재고자산) / 유동부채 ] × 100
(단기채무상환능력을 엄격하게 평가)

## 일반적으로 100% 이상이면 안정적

# 회계·공시 완전정복 로드맵

## 회계      Basic

매출원가, 감가상각, 손상차손… 분명 우리말인데 외국어 같아요.

수익이랑 이익이 같은 말 아닌가요?

회계 책만 수십 권 있는데 끝까지 본 책은 한 권도 없어요.

김수헌·이재홍 지음 | 458쪽 | 20,000원

## 공시      Basic

감자요? 내가 아는 감자는 먹는 감자뿐이오.

주식투자 1일차! 기업공시가 뭔가요???

기업을 인수하는데 왜 유상증자를 하는 거죠?

김수헌 지음 | 297쪽 | 16,800원

| Intermediate | | Advanced |
|---|---|---|

회계가 현장에서 어떻게 적용되는지 궁금합니다.

김수헌·이재홍 지음 | 287쪽 | 16,800원

김수헌·이재홍 지음 | 475쪽 | 20,000원

| Intermediate | | Advanced |
|---|---|---|

투자승률을 높이는 비결은 오직 철저한 기업 분석뿐!

김수헌 지음 | 462쪽 | 20,000원

김수헌 지음 | 494쪽 | 20,000원

# | 어바웃어북의 주식투자 필독서 |

### 쌀 때 사서 비쌀 때 파는
# 저평가 우량주 투자지도
| 한국비즈니스정보 지음 | 25,000원 |

**증권사마다 목표주가를 상향조정한 미래가치주 100선!**

이 책은 반도체, 배터리, 수소/전기차, 자율주행, 메타버스, 바이오, 친환경, K-콘텐츠 등 신성장 산업에서 기업가치에 비해 저평가된 우량주 100개 종목을 선별하여 투자포인트와 목표주가를 분석했다. 1주당 수십만 원이 넘는 대형주 투자가 부담스러운 투자자를 위한 맞춤형 투자전략 리포트.

### 주린이를 위한 1일 1페이지
# 투자공부 365
| 한국비즈니스정보 지음 | 18,000원 |

**1일 1페이지 꾸준한 투자공부로 알토란 투자처를 발굴한다!**

주식 투자에 첫발을 내딛는 당신이 주식계좌 개설보다 먼저 해야 할 일은 '투자공부'다. 이 책은 주식 투자자들이 반드시 알아야 할 365개의 열쇳말(키워드)를 [월]주식용어, [화]투자이슈, [수]업종전망, [목]회계/공시, [금]유망종목, [토]언택트/바이오, [일]K-뉴딜 구성한 뒤 핵심 투자처를 분석했다.

### 전지적 투자자 시점에서 건진
# 공시줍줍
| 김보라, 박수익 지음 | 18,000원 |

**주린이들의 투자 레벨 떡상 프로젝트!**

이 책은 하루에도 수십 개씩 발표되는 기업공시 가운데, 주식투자자에게 꼭 필요한 공시만을 뽑아 설명한다. 주제 선정 뿐만 아니라 공시를 분석하는 데 있어서도 철저하게 '전지적 투자자 시점'을 따른다. 아울러 공시를 실전 투자에 활용하는 방법을 MTS 화면을 바탕으로 상세히 설명한다.